Gert Richter

Chemnitz – so wie es war

Hochachtungsvoll, verbunden mit dem Dank für die stets angenehme Zusammenarbeit, gewidmet von

Gert Richter [illegible]

Chemnitz, Juli 1997

Über den Autor:

Gert Richter, Jahrgang 1933, Studium der Geschichte
(Stadt- und Regionalgeschichte), Lehrer, wissenschaftlicher Mitarbeiter,
Oberassistent an der Pädagogischen Hochschule Zwickau, seit 1981 Stadtarchivdirektor,
Dissertation A (1971) zur Bedeutung von örtlichen Geschichtsvereinen,
Dissertation B (1981) zur Kommunalpolitik der KPD in Chemnitz 1919 bis 1929,
Veröffentlichungen zur Stadtgeschichte und zur Geschichte der Chemnitzer
Arbeiterbewegung, zum Leben und Wirken Chemnitzer Persönlichkeiten.

Gert Richter

CHEMNITZ

so wie es war

Droste Verlag

Die Deutsche Bibliothek – CIP-Einheitsaufnahme

Chemnitz – so wie es war / Gert Richter. – Düsseldorf:
Droste, 1991
(Fotografierte Zeitgeschichte)
ISBN 3-7700-0952-5
NE: Richter, Gert

2. Auflage 1992

Redaktion und Layout: Kitty Rehmer
Gesamtherstellung: L. N. Schaffrath, Geldern
ISBN 3-7700-0952-5

Mit dieser Urkunde bestätigte König Konrad III. 1143 die von seinem Vorgänger Lothar III. um 1136 vollzogene Gründung des Klosters St. Marien auf dem Berg. Zugleich erteilte er dem Benediktinerkloster das Recht, einen königlichen Fernhandelsmarkt zu errichten

Von der Stadtwerdung bis zum Wirken von Georgius Agricola in Chemnitz

Über die Gründung von Chemnitz fehlen uns wie bei so manchen anderen Städten die Urkunden. Es ist deshalb nicht verwunderlich, daß es seit über einhundert Jahren mehrere Hypothesen zur Stadtgründung gibt. Wenn man die schriftliche Überlieferung des 12. Jahrhunderts überschaut, dann stößt man immer wieder auf die Urkunde von 1143. In dieser bestätigte Kaiser Konrad III. die durch Kaiser Lothar 1136 erfolgte Gründung des Benediktinerklosters. Zugleich verlieh er dem Kloster das Recht, einen Fernhandelsmarkt zu errichten und schenkte ihm ein Gebiet im Umkreis von 2 Meilen.

Die Stadtväter nahmen diese Urkunde als Grundlage, um 1893 eine 750-Jahr-Feier zu begehen. Geht man von der quellenkritischen Sicht aus, die mit der von Hubert Ermisch erfolgten Bearbeitung des Chemnitzer Urkundenbuches 1879 in der Reihe des Codex Diplomaticus Saxoniae Regiae einsetzte, dann ist es nur zu verständlich, daß die wissenschaftliche Diskussion auch zu neuen Erkenntnissen führte.

Sehr intensiv befaßte sich Walter Schlesinger 1952 in seinem Buch über »Die Anfänge der Stadt Chemnitz« mit der Anlage des klösterlichen Fernhandelsmarktes. Als königlicher und reichsoffener Markt war dieser nicht an die Stadt gebunden.

Die wettinischen Markgrafen Friedrich und Balthasar erteilten 1357 vier begüterten Bürgern (2 aus Freiberg, 1 aus Mittweida und 1 aus Chemnitz) das Recht, in Chemnitz eine Bleiche anzulegen. Mit diesem Privileg entwickelte sich Chemnitz zum Zentrum der textilen Produktion und des Handels in der Markgrafschaft Meißen

Schlesinger kam zu dem Ergebnis, daß Kaiser Friedrich (Barbarossa) bei seinem Aufenthalt in Altenburg im Jahre 1165 die Verwaltung des Reichsterritoriums im Pleißenland geordnet und die Gründung der Stadt Chemnitz veranlaßt habe. Damit hatte man 1965 den Anlaß für eine 800-Jahr-Feier der Stadt Chemnitz. Schließlich liegen neuere Untersuchungen von Manfred Kobuch über die Anfänge der Stadt vor. Weder Schlesinger noch Kobuch legen sich auf ein Gründungsjahr fest. In allen ernstzunehmenden Darstellungen wird jedoch in dieser oder jener Weise auf den Prozeßcharakter der Herausbildung der Stadt verwiesen. Daß dieser für Chemnitz im Zusammenhang mit der Klostergründung, dem Fernhandelsmarkt und der Besiedelung des Umfelds steht, bezweifelt niemand mehr. Gerade deshalb ist es so kompliziert, ein genaues Gründungsjahr anzugeben. Wir können heute davon ausgehen, daß Chemnitz nach 1165, wahrscheinlich zwischen 1168 und 1172, gegründet wurde.

In der weiteren Erforschung der Gründungsgeschichte von Chemnitz wird die erste urkundliche Erwähnung der Stadt im Jahre 1216 einen größeren Stellenwert einnehmen, als es bisher der Fall war.

Seit dem 14. Jahrhundert bildete Chemnitz das Zentrum der textilen Produktion im Meißnischen Lande. 1308 kam die Stadt unter den Schutz der wettinischen Landesherrschaft. Es sind gewiß wirtschaftliche Gründe gewesen, die zur Eingliederung von Chemnitz in den Herrschaftsbereich der Wettiner geführt haben. Dazu muß aber auch die geographische Lage im Zentrum des Landes, am Schnittpunkt mehrerer Handelsstraßen und als Vorfeld für das silberne Erzgebirge, mit betrachtet werden.

In diesem Zusammenhang war das am 14. Dezember 1357 von den Markgrafen Friedrich und Balthasar erteilte Privileg zur Errichtung einer Landesbleiche von großer Wichtigkeit für die weitere Entwicklung der mittelalterlichen Stadt. Sie bekundeten darin »den bescheiden luten Nykel Manhoubte muentzmeister zcu Friberg, Nykele Schultheissin zcu den Myteweide, Mathis Maltzmeister burger zcu Kempnitz unde Hentzel Randecken burger zcu Friberg unsern liben getruwen unde iren erben . . ., daz sie eine bleiche haben sullen«. Die im Stadtarchiv Chemnitz befindliche Urkunde enthält ferner die Festlegung, daß niemand im Lande im Umkreis von zehn Meilen eine Bleiche haben soll. Außerdem galt ein Ausfuhrverbot für Flachs und Garn, es mußte im Land verarbeitet und die rohe Leinwand zur Landesbleiche gebracht werden. An die Markgrafen waren je Stück gebleichter Leinwand zwei breite Groschen abzuführen. Es erhebt sich die Frage, warum zwei Freiberger, ein Mittweidaer und ein Chemnitzer Bürger das Privilig erhielten. Offensichtlich standen die vier Privilegierten in enger Beziehung zu den Landesherren. Wie Reinhard Zöllner, ein bedeutender Historiker der Chemnitzer Stadtgeschichte, bereits 1876 auf der Grundlage von Quellen des Dresdner Staatsarchivs

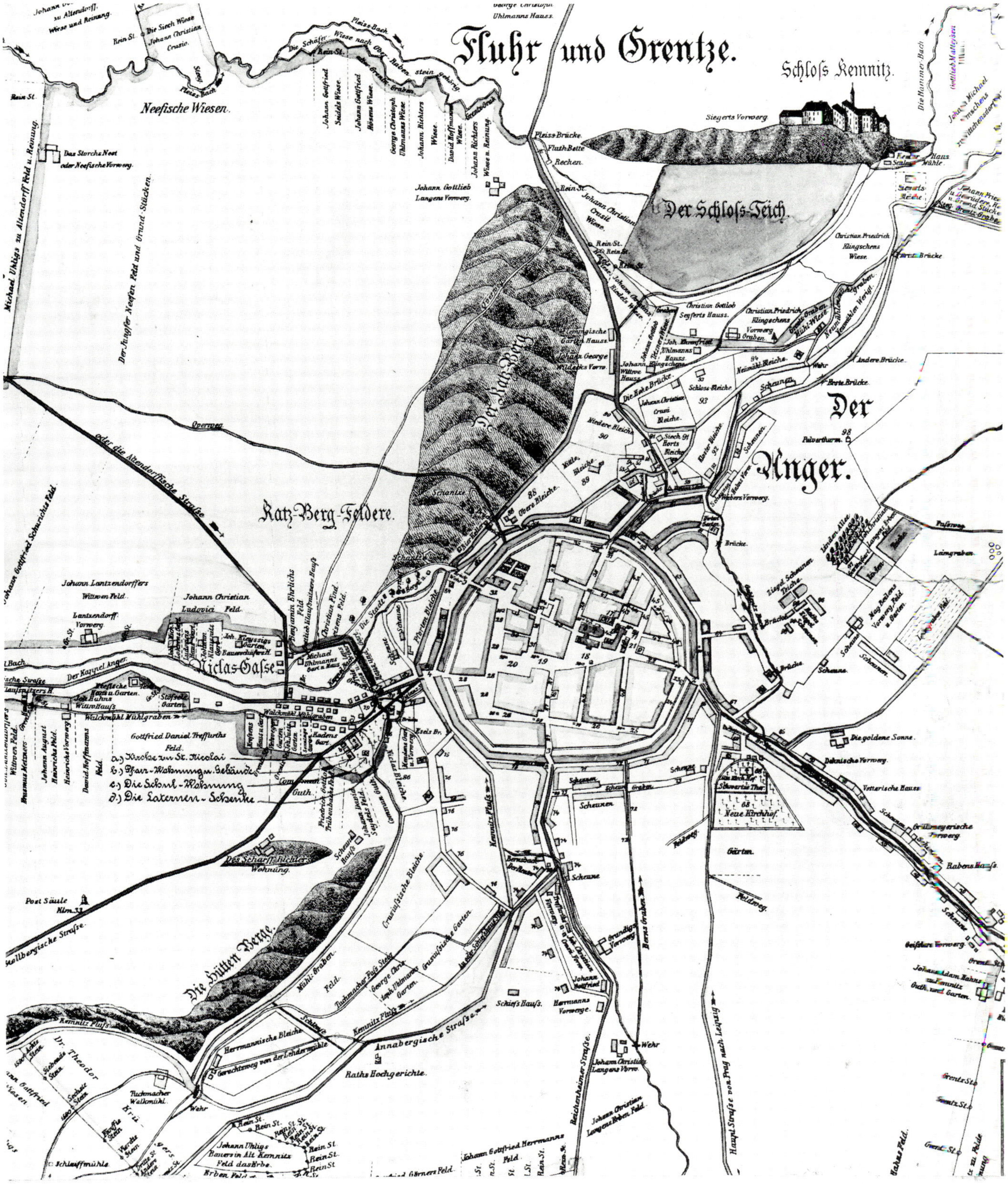

Ausschnitt aus dem von Johann Paul Trenckmann 1761 aufgenommenen Grundriß des Weichbildes der Stadt Chemnitz. Dieser Stadtplan gehört zu den besten ältesten Plänen der Stadt Chemnitz. In Verbindung mit der Urkunde aus dem Jahre 1402, in der die Grenzen zwischen Stadt und Klosterdörfern beschrieben wurden, kann deutlich nachvollzogen werden, daß das Territorium der Stadt zwischen dem 15. und 18. Jahrhundert im wesentlichen unverändert blieb

Auf der Grundlage mittelalterlicher Quellen gestaltete der Chemnitzer Lehrer K. Haustein 1907 ein Bild der Stadt Chemnitz, wie sie etwa um 1760 mit ihren Befestigungsanlagen bestand

nachwies, gab der Freiberger Münzmeister Nykel Manhoubte im Jahre 1357 erneut ein Darlehen an seine Landesherren. Man geht deshalb nicht fehl, wenn man annimmt, daß die Markgrafen nicht ohne Gegenleistung das Bleichprivileg an die vier Bürger übertrugen. Auch Nykele Schultheissin aus Mittweida war sicherlich ein begüterter Bürger gewesen, denn er kaufte 1367, nach dem Tode des Freiberger Nykel Manhoubte, dessen Güter in Altmittweida.

Der Stadt größeres Siegel ab dem 15. Jahrhundert. Es stellt eine Befestigungsanlage mit drei spitzen Türmen dar. Im Tor des Mittelturms erscheint das Brustbild des hl. Jacobus, des Namensgebers der Chemnitzer Hauptkirche. Darüber erhebt sich ein Helm mit zwei sogenannten offenen Hörnern, wovon jedes mit fünf Zweigen oder Fähnchen besteckt ist. Die Schilde am Mittelturm oben zeigen links die Pfähle des Hauses Landsberg und rechts den wettinisch-meißnischen Löwen. Die Umschrift lautet: SIGILLUM CIVITATIS KEMPNIC

Das Johannistor war eines der fünf Tore der Stadtmauer, die nach Auffassung früherer Chronisten mit 25 Türmen, einer Haupt- und einer Zwingmauer eine starke Schutz- und Befestigungsanlage bildeten. Durch dieses Tor mußte man gehen, wenn man zur Johanniskirche und zum Johannisfriedhof wollte. Als erstes Tor wurde ab 1825 das Johannistor abgebrochen

Aus einer anderen Urkunde vom 14. November 1358 entnehmen wir den Hinweis, daß sich die Landesbleiche auf der ehemaligen städtischen Viehweide befand. Der Stadt wurden dafür 15 Schock Groschen von der Jahressteuer erlassen. Die etwa 3 bis 4 Hektar große Bleiche lag, durch Zäune und Blanken von den Nachbargrundstücken getrennt, am rechten Chemnitzufer, nördlich vor der Stadt. Im 14. Jahrhundert umfaßte sie eine innere, mittlere und äußere Bleiche. Sie waren mit Mühlen und Walken ausgestattet, in denen die rohe Leinwand bearbeitet wurde. Um 1400 konnten jährlich bis zu 130 000 Quadratmeter Stoffe gebleicht werden. Die Besitzverhältnisse der Chemnitzer Bleiche wechselten bald. Schon nach kurzer Zeit hatte sich eine Besitzstruktur nach dem Vorbild des Freiberger Bergbaus herausgebildet. Zur Bleichgewerkschaft gehörten 1367 mindestens 32 Privilegierte, hauptsächlich Chemnitzer Bürger. Im Unterschied zu den Zünften waren die Mitglieder nicht Produzenten, sondern Besitzer von Anteilen, ähnlich den Freiberger Kuxinhabern.
Aus der vom 10. April 1390 und anderen bekannten Bleichordnungen wissen wir, daß ein Bleichmeister den Produktions- und Arbeitsprozeß organisierte sowie für die kaufmännische Verwaltung verantwortlich zeichnete. Das Bleichgut – vom Wetter abhängig – wurde im Frühjahr ausgelegt. Ein Bleichvorgang dauerte mehrere Wochen. In einem Jahr konnte dieser etwa je nach den Witterungsbedingungen vier- bis sechsmal ausgeführt werden. Dem Bleichmeister standen Knechte (Gieß- und Mangelknechte) und Schreiber zur Seite. Ein Baumeister war für alle Bauarbeiten zuständig. Er sorgte dafür, daß sich das Grabensystem, die Dämme, Wehre, Laugenhäuser, Walken, Mühlen, Zäune und Tore in einem betriebsfähigen Zustand befanden.
Der Bleichrichter vertrat die landesherrlichen Interessen, nahm gemeinsam mit den Schöffen die juristische Verantwortung wahr und bemühte sich mit mehr oder weniger Erfolg, die Errichtung ungesetzlicher Bleichen wie in Rochlitz und Penig zu verhindern. Am Ende des 15. Jahrhunderts hatte die Stadt die gesamte Bleiche von den bisherigen Gewerken erkauft. Damit wuchs ihre ökonomische Stellung im westsächsischen Gebiet.
Ausgestattet mit dem Bleichprivileg entwickelte sich Chemnitz auch zu einem Mittelpunkt des Textilhandels. Von hier wurde neben dem Jakobijahrmarkt in Chemnitz alljährlich die Naumburger und Leipziger Messe beschickt.
Wir können davon ausgehen, daß die Stadt Chemnitz durch das Bleichprivileg und die damit verbundene wirtschaftliche Entwicklung um 1400 im wettinischen Lande einen beachtlichen Platz einnahm.
In dem Maße, wie Bäcker, Fleischer, Leineweber, Tuchmacher, Zimmerleute, Schmiede, Schuhmacher u. a. die Warenproduktion erfolgreich betrieben, wuchs ihr Streben nach größerem Freiraum. Noch beherrschte das Kloster auf dem Berge die umliegenden Dörfer. Dieser Umstand führte immer wieder zu gewissen Streitigkeiten zwischen Kloster und Stadt, die man mit der Urkunde vom 28. September 1402 vorübergehend beilegte. In ihr wurde der Kauf von Land aus den umliegenden Klosterdörfern durch die Stadt vom Benediktinerkloster bestätigt,

Durch das Chemnitzer Tor führte die Straße nach Altchemnitz, einer wahrscheinlich älteren Ansiedlung als die Stadt selbst. Am Chemnitzer Tor befand sich die Amtsfronfeste. Am Meilenstein (rechts im Bilde) beginnt noch heute die Straße nach Annaberg

Von der Pforte konnte man am schnellsten zu den Bleichen gelangen. Es ist anzunehmen, daß dieses Tor hauptsächlich die städtischen Handwerker (Bleicher, Gerber, Färber und Walker) benutzten, um somit auf kürzestem Weg zum Wasser und zur Arbeit zu gelangen. Rechts die Neue Johanniskirche (1750/1756 erbaut), die spätere Paulikirche. Über den noch heute bekannten Pfortensteg kam man außerdem auch zu den Bierkellern am Fuße des Katzberges

Das Klostertor trägt seinen Namen vom Benediktinerkloster St. Marien. Wer von der Stadt nach dem Kloster auf dem Berg wollte, mußte dieses Tor durchschreiten

Durch das Nikolaitor gingen die Chemnitzer zur Nikolaikirche und zur Nikolaivorstadt. Der hl. Nikolaus galt als Schutzherr der Kaufleute. Es ist deshalb auch anzunehmen, daß hier eine alte Kaufmannssiedlung an der Kreuzung von Fernhandelsstraßen noch vor der Gründung der Stadt Chemnitz existierte

Georgius Agricola (1494–1555) gehörte zu den bedeutendsten sächsischen Humanisten der ersten Hälfte des 16. Jahrhunderts. Als Arzt, Pädagoge, Historiker, Diplomat, Bürgermeister und Montanwissenschaftler lebte er zwischen 1531 und 1555 in Chemnitz. Hier schrieb er sein Hauptwerk »De re metallica libri XII« (»Vom Bergkwerck 12 Bücher«)

Abbildung aus Agricolas Hauptwerk »Vom Bergkwerck 12 Bücher«. Dargestellt wird der Wasserantrieb, eine damals bedeutende technische Leistung

Grabplatte aus dem 13. Jahrhundert im ehemaligen Benediktinerkloster. Sie wurde bei Grabungen im Jahre 1982 im Kapitelsaal des Klosters wiederentdeckt

Streitigkeiten zwischen beiden Parteien beigelegt und dem Kloster auch künftig wesentliche Rechte zur Einziehung von Steuern und Abgaben zugestanden. Das Wichtigste war aber, daß die Stadt ihr Territorium beachtlich erweitern konnte. Damit sicherte sich die Stadt Chemnitz für mehrere Jahrhunderte die Voraussetzungen für die Erweiterung der Bleichen und den städtischen Feldbau. Selbst für den Wohnhausbau im 19. Jahrhundert in der Nord- und Südvorstadt sowie auf dem Sonnen- und Kaßberg konnte schon damals der Grund und Boden erworben werden.

Um die Stadterweiterung aus dieser frühen Zeit etwas nachvollziehen zu können, empfiehlt es sich, den Trenckmannschen Grundriß der Stadt Chemnitz vom Jahre 1761 zu betrachten. Stadtarchivar Prof. Dr. Paul Uhle berechnete den Kaufpreis von »fuemfe unde vyerczieg schog grossis phennyghe« im Jahre 1927 mit 3 Millionen Mark.

Die Urkunde beschreibt den Flächeninhalt, den die Stadt aus den Klosterdörfern in Gestalt von Ruten und Ackerlehen erhalten hatte.

In Gablenz erwarb die Stadt das links der Augustusburger Straße gelegene Gebiet zwischen Freiberger und Dresdner Straße bis zur Zietenstraße hinüber bis zum Zeisigwald (dez keysers forste) und etwa der Kreuzung Frankenberger/Dresdner Straße. Rechts der Augustusburger Straße umfaßte die Stadterweiterung das Terrain zwischen Theresen- und Clausstraße bis hinüber zur Zschopauer Straße. In Bernsdorf reichte der Landerwerb zu beiden Seiten der Bernsdorfer Straße links bis zur

Herzog (ab 1547 Kurfürst) Moritz von Sachsen (1521–1553), nach einem Ölgemälde von Lucas Cranach d. J. Herzog Moritz unterhielt zu Georgius Agricola und anderen Chemnitzer Persönlichkeiten einen engen Kontakt

Georgius Fabricius (1516–1571), nach einem Stich von M. Beringeroth. Er war eng mit Georgius Agricola befreundet. Im Ergebnis der Reformation nahm Fabricius als Rektor der Fürstenschule St. Afra in Meißen (1546–1571) starken Einfluß auf das humanistische Bildungswesen im Kurfürstentum Sachsen. Er verfaßte u. a. auch Schriften zur Geschichte des Hauses Wettin

Zschopauer und rechts bis zur Reichenhainer Straße. Die landseitige Begrenzung erfolgte zwischen Clausstraße hin zur Augsburger Straße bis zur Reichenhainer Straße.

Vom Dorfe Kappel kam das Gebiet zwischen Walkgraben über Stollberger Straße bis zur Chemnitz und auf der anderen Seite von der Ahornstraße bis zur Weststraße zur Stadt. Die äußere Begrenzung erhob sich ab Kappler Drehe, entlang der Haydnstraße und der Michaelstraße. Die Gemeinde Niklasgasse am Kappelbach blieb ein Klosterdorf. Sie wurde am 1. Juli 1844 als erste selbständige Gemeinde nach Chemnitz einverleibt.

Johann Neefe (1499–1574) gehörte als Dr.med. und kursächsischer Leibarzt zu den bedeutendsten Persönlichkeiten der Stadt Chemnitz. Ölbildnis eines unbekannten Malers

Zur Stadt kam weiterhin ein Teil von Borssendorf, das nordöstlich zwischen der Stadt und Altendorf lag. Mit allen Rechten behielt das Kloster den Pleißbach, der für die spätere Anlage des Teiches am Fuße des Klosters Bedeutung hatte.
Fast das gesamte Streitdorf – auch diese Ortsbezeichnung ist nicht mehr erhalten – ging in städtischen Besitz über. Streitdorf lag nördlich vor der Stadt zwischen dem Chemnitzfluß und den Ortsgrenzen von Furth, Hilbersdorf und Gablenz. Im letzten Teil der Urkunde wurden die Steuern und Abgaben, die das Kloster weiterhin erhielt, beurkundet. Dazu gehörten u. a. Getreidezehnt, Feldbestellung, Erntearbeiten, Lieferung von Hühnern, Gartensteuer, Pfandrecht und Geldstrafen.
Im 15. und 16. Jahrhundert, so belegen es vorwiegend Urkunden und Bürgerbücher, nahmen einzelne Patrizierfamilien einen großen Einfluß auf die Stadtentwicklung. Dazu gehörten die Familien Neefe und Schütz.
Begünstigt durch das von den Landesherren 1357 erteilte Bleichprivileg und durch andere Faktoren beeinflußt, bildete sich in Chemnitz relativ zeitig ein starker Zweig der Tuchproduktion heraus.
Zwischen 1466 und 1551 stieg die Zahl der Einwohner von 3455 auf 5616. Die wichtigste Ursache dafür finden wir in dem ökonomischen Aufschwung jener Jahrzehnte.
Zur Chemnitzer Tuchmacherinnung gehörten die angesehensten Familien der Stadt. Sie verkörperten auch die politisch entscheidenden Kräfte im Rat. Von den Neefes ist uns die erste urkundliche Erwähnung vom 29. Februar 1444 bekannt. Der darin genannte Hans Neefe, ein Meister im Tuchmacherhandwerk, soll schon 1457 für den Bau des Franziskanerklosters 500 Gulden gestiftet haben. Von den Neefes sind Hans Neefe (gestorben 1547), Paul Neefe (1507–1556), Zacharias Neefe (1594–1649), Arnold Christoph Neefe (1632–1700), Theodor Neefe (1633–1696), Johann Adolph Neefe (1668–1735) und Johann Theodor Neefe (gest. 1754) als regierende Bürgermeister in die Annalen der Stadt eingegangen. Aus ihrer ökonomischen und politischen Lage heraus ist es auch verständlich, daß die Neefes über einen reichen Grund- und Hausbesitz verfügten.
Am Markt gehörte ihnen von 1544 bis 1804 das sehenswerte Patrizierhaus mit dem schönen Judith-Lukretia-Portal, welches 1908 am Rathausturm eingefügt wurde. Aus der großen Zahl der uns bekannten Neefes ragen Dr. Caspar Neefe und Dr. Johann Neefe hervor. Caspar Neefe lehrte als Professor der Medizin an der Leipziger Universität. Noch bedeutender aber war sein Bruder Johann Neefe (29. 8. 1499–7. 7. 1574), der als Leibarzt der Kurfürsten Moritz und August von Sachsen tätig war. Als solcher gehörte er zu den berühmtesten Ärzten seiner Zeit.
Einen nachhaltigen Einfluß, wenn auch nicht über einen so langen Zeitraum wie die Neefes, hatten nach 1470 die Angehörigen der Familie Schütz auf die Chemnitzer Entwicklung. Der Kaufmann Ulrich Schütz war eng mit dem mansfeldischen und erzgebirgischen Erzbergbau verbunden. In verschiedenen Gemeinden und Städten des Erzgebirges, so in Erdmannsdorf und in Geyer, hinterließ die Familie Schütz ihre Spuren bis in das 20. Jahrhundert. In Chemnitz übernahm U. Schütz die von seinem Schwiegervater Nickel Thiele begründete Saigerhütte. Zur Stoffveredlung auf den Bleichen rückte mit dem Saigern, einem Verfahren zur Metallgewinnung, ein neuer Erwerbszweig in den Vordergrund.
1477 wurde von U. Schütz an der Pforte ein Kupferhammer errichtet. Sein Sohn Hieronymus verstärkte die Bemühungen der Familie Schütz zum weiteren Ausbau des Hüttenwesens und des damit verbundenen Metallhandels. 1526 gründeten die Schütz aus Chemnitz und Annaberg mit Bartholomäus Welser aus Augsburg und dem Leipziger Hieronymus Walther die Gesellschaft des Saigerhüttenhandels. Damit wollten sie den sächsisch-böhmischen Kupferhandel monopolisieren. Doch durch den Widerstand der Nürnberger Handelshäuser, die die Unterstützung durch König Ferdinand erhielten, mußten die Pläne schließlich scheitern.
Der bedeutendste Chemnitzer Bürger des 16. Jahrhunderts war Georgius Agricola. Der herausragende Humanist, dessen Geburtshaus in Glauchau stand, lebte und arbeitete hier von 1531 bis 1555. Im Jahre 1546, als er erstmals das Amt des Bürgermeisters übernahm, trug er sich auch in das Bürgerbuch der Stadt ein. Wahrscheinlich hatte ihn 1531 der umsichtige Bürgermeister Merten Hobler als »Stadtleybarzt« von Joachimsthal nach Chemnitz geholt. Nach seiner Rückkehr aus Italien weilte Agricola im Winter 1526/1527 schon einmal in Chemnitz. Vermutlich hatte er zu dieser Zeit auch seine erste Frau Anna Meyner, die Witwe des Magisters und Zehntners Matthias Meyner, der 1523 in Schneeberg gestorben war, geheiratet. Sie stammte aus der einflußreichen Familie Arnold, die es in Chemnitz als Tuchmacher und Bürgermeister zu großem Ansehen gebracht hatte.
Georgius Agricola arbeitete in Chemnitz später auch als Schulinspektor, Bürgermeister (1546, 1547, 1551 und 1553), Diplomat und Wissenschaftler. Hier entstand sein weltberühmtes Buch »Vom Bergkwerck 12 Bücher«. Mit dem »neuen Berggeschrey« im letzten Drittel des 15. Jahrhunderts war das Erzgebirge und sein Vorland zu einem Anziehungspunkt für frühkapitalistisches Unternehmertum geworden. Neben den damals schon bekannten Nachbarstädten Freiberg und Zwickau rückten die neuen, sich schnell entfaltenden Bergstädte wie Schneeberg (1481), Annaberg (1496), Joachimsthal (1520) und Marienberg (1521) in den Blickpunkt. Chemnitz, das schon als Zentrum der textilen Produktion bekannt war, dadurch weithin auch vielfältige Handelsbeziehungen unterhielt und in dem sich nach 1470 eine beachtliche Hüttenindustrie entwikkelt hatte, wurde mit dem Wirken Georgius Agricolas und seinem Bekanntenkreis auch ein Zentrum des geistigen Lebens. Zu Valentin Hertel (Rektor der Chemnitzer Lateinschule), Georgius Fabricius (Pädagoge und Historiker), Johann Neefe (Leibarzt bei den Kurfürsten Moritz und August), Adam Siber (Rektor der Chemnitzer Lateinschule und später Rektor der Fürstenschule zu Grimma), Wolfgang Meurer (Rektor der Leipziger Universität), Georg Komerstadt (Berater am sächsischen Hof und Prinzenerzieher) u. a. hatte Agricola engen Kontakt. In vielen Gesprächen und durch Briefwechsel kam es zu einem regen Gedankenaustausch.
Adam Siber, der von 1545 bis 1547 direkt im Auftrag von Georgius Agricola arbeitete, übernahm nach dem Ableben von Valentin Hertel 1547 die Leitung der Chemnitzer Lateinschule. Er führte in Übereinstimmung mit Agricola, der damals auch als Schulinspektor wirkte, eine tiefgreifende Reform der Chemnitzer Lateinschule durch. Späterhin bildete diese das Vorbild für die sächsische Schulreform. Die Chemnitzer Humanisten unterhielten enge Beziehungen zu Philipp Melanchthon (1497–1560). Agricola stand auch im Briefwechsel mit Erasmus von Rotterdam (1469–1536).

Nach der Säkularisation ließ Kurfürst Moritz das ehemalige Benediktinerkloster in ein landesherrliches Schloß (um 1546) umbauen. 1702 verkaufte es Friedrich August II. an den Amtshauptmann von Günther. Die Stadt erwarb das Grundstück 1885. Am 5. Februar 1931 wurde das Haus, in dem man die stadtgeschichtliche Sammlung des Vereins für Chemnitzer Geschichte untergebracht hatte, als Schloßbergmuseum eröffnet

Die Geißelsäule in der Chemnitzer Schloßkirche. Die 360 cm große, aus Holz geschaffene Holzplastik ist eine Arbeit von Hans Witten. Sie zeigt Christus, der von zwei Schergen gefoltert wird

Das 11 m hohe Nordportal der Schloßkirche schuf ebenfalls Hans Witten 1504/1505 aus Chemnitzer Porphyrtuff. Vollendet wurde es 1525 von Franz Maidburg. Oberhalb des Torbogens finden wir Kaiser Lothar III. mit seiner Gattin Richenza (Gründer des Klosters), in der Mitte Maria mit dem Kinde und die letzten Äbte des Klosters, Heinrich von Schleinitz und Hilarius von Rehburg. Der Erhaltungszustand erforderte 1973 die Versetzung des Portals in das Innere der Kirche

Der Marktplatz von Chemnitz um 1836. Die Stadt zählte etwa 22 000 Einwohner. Ab Mitte der dreißiger Jahre des 19. Jahrhunderts entwickelte sich Chemnitz zur Maschinenbaumetropole in Sachsen

Richard Hartmann (1809–1878), bedeutender Chemnitzer Unternehmer. Er begründete die Sächsische Maschinenfabrik vorm. Richard Hartmann AG, in der u. a. über 4000 Lokomotiven produziert wurden

Carl Gottlieb Haubold (1783–1856), Begründer des Chemnitzer Maschinenbaus

Johann von Zimmermann (1820–1901), Begründer des deutschen Werkzeugmaschinenbaus

Richard Hartmann war ein hervorragender Maschinenbauer und Organisator. 1841 verlegte er das 1837 gegründete Unternehmen, das er bis 1842 gemeinsam mit August Götze führte, in die Klostermühle. Die Maschinenfabrik beschäftigte zu diesem Zeitpunkt bereits 200 Arbeiter

Chemnitz – das sächsische Manchester

Um 1800 brach für Chemnitz mit der Errichtung der Baumwollspinnereien der Gebrüder Bernhard in Harthau (1799) und der Kaufleute Wöhler und Lange (1800) an der Stadtgrenze nach Furth das Fabrikzeitalter an. Die englischen Produktionsmethoden hatten nun auch Sachsen erreicht. In Chemnitz und Umgebung, wo man schon seit Jahrhunderten die Textilproduktion betrieb, schaute man mit viel Respekt und Neugier nach England. Noch mehr, ganz zielstrebig studierte man die ausländischen, besonders aber die englischen Produktionserfahrungen. Die Gebrüder Bernhard übertrugen bald nach der Inbetriebnahme ihres Unternehmens die technische Leitung an englische Fachleute. Zunächst war es der Engländer Watson, später, von 1802 bis 1807, übernahm der weithin im Chemnitzer Raum bekannt gewordene Spinnmeister und Maschinenbauer Evan Evans die technische Leitung des Betriebes. Bei Wöhler und Lange leitete ebenfalls ein englischer Fachmann, der Mechaniker Whitfield, die technischen Prozesse. Auch die königlich sächsische Regierung hatte erkannt, daß es notwendig wurde, neue technische Verfahren in die Produktion zu überführen. Beide Betriebe erhielten das Privileg, für die Dauer von zehn Jahren alleinige Produzenten, die mit englischen Mule- bzw. Watermaschinen arbeiten, in Sachsen zu sein.

Die Poliklinik der Allgemeinen Krankenkasse für die Maschinenfabriken und Gießereien

Maschinenfabrik von Richard Hartmann um 1855. Die Firma verfügte zu diesem Zeitpunkt schon über ein differenziertes Angebot von Textilmaschinen, Dampfmaschinen, Wasserturbinen u. a. technischen Erzeugnissen. 1857 beschäftigte Richard Hartmann 2000 Arbeiter

Blick in die Halle des Werkzeugmaschinenbaus der Maschinenfabrik Richard Hartmann, um 1865

Chemnitz war mit den jahrhundertelangen Erfahrungen dazu prädestiniert, ein Zentrum der fabrikmäßigen Textilherstellung zu werden. Allmählich vollzog sich in diesem Raum der Übergang von der Manufaktur zum Industriebetrieb. Zu den mechanisch betriebenen Baumwollspinnereien gehörten auch die Reparaturabteilungen für die Maschinen. Es war deshalb die logische Folge, daß im Zuge der Spezialisierung daraus Maschinenbauabteilungen und dann selbständige Maschinenbaufirmen entstanden.

Nach 1810, dem Ablauf des zehnjährigen Privilegs für die beiden Chemnitzer Baumwollspinnereien, begann ein schneller Aufschwung für die Maschinenspinnereien. Am Chemnitzfluß nutzten die Fabrikgründer die günstigen natürlichen Antriebsbedingungen. Bereits 1812 arbeiteten in und um Chemnitz 28 Spinnereien mit rund 73 770 Spindeln, das waren über ein Drittel aller Spindeln, die in Sachsen in Betrieb waren. Zu den erfolgreichen Unternehmern jener Jahre gehörte Christian Gottfried Becker. Der 1771 in Oberlichtenau bei Pulsnitz geborene Pfarrerssohn ergriff in Dresden die kaufmännische Lehre und trat in den neunziger Jahren des 18. Jahrhunderts als Kommis in die Chemnitzer Firma Kreissig & Co. ein. Ab 1797 unterhielt er gemeinsam mit einem Kaufmann ein »Fabrikgeschäft mit halbseidenen Baumwollwaaren«. 1802 gründete er mit dem wahrscheinlich wohlhabenden Weber Schraps aus Mülsen in der Aue eine Kattundruckerei. 1804 führten Becker und Schraps »zuerst den Druck mit Weißbeize ein«. 1806 und 1807 folgten weitere Fabrikbauten in der Aue. 1811 gründeten sie am Ende der Aue eine große Spinnerei, die bald zu den führenden Chemnitzer Betrieben gehörte. In den besten Zeiten beschäftigte das Unternehmen 2500 Lohnarbeiter. Becker setzte sich für den Einsatz der fortgeschrittenen Produktionsverfahren ein. Er unternahm zu diesem Zweck 1817/1818 Informationsreisen nach Westdeutschland und Frankreich. Die Erzeugnisse aus seinen Betrieben: die Kattunstoffe, die baumwollenen und seidenen Tücher, das Mulegarn, die gewebten Stoffe und der Manchester; sie waren alle der englischen Konkurrenz gewachsen. Im Königreich Sachsen nahmen diese Erzeugnisse bei den damaligen Qualitätsansprüchen den ersten Platz ein. Friedrich Georg Wieck, der unermüdliche Förderer der sächsischen Industrie, hob in seinem 1841 veröffentlichten Buch »Sachsen in Bil-

Die erste in der Fa. Richard Hartmann erbaute Lokomotive »Glück auf« verließ am 7. Februar 1848 das Werk. Da Chemnitz zu diesem Zeitpunkt noch nicht über einen Eisenbahnanschluß verfügte, wurde die Lokomotive in Teilen auf der Straße nach Leipzig transportiert

Die Lokomotive »Zweitausend« verließ das Werk am 2. August 1894. Sie wurde an die Königl. Sächsische Staatsbahnverwaltung übergeben

Am 9. März 1918, 70 Jahre nach der ersten Lokomotive, übergab die Sächsische Maschinenfabrik vorm. Richard Hartmann AG die Lokomotive »Viertausend«. Die Schnellzuglokomotive 1 D 1 war damals mit 120 km/h die leistungsfähigste ihrer Art in Europa

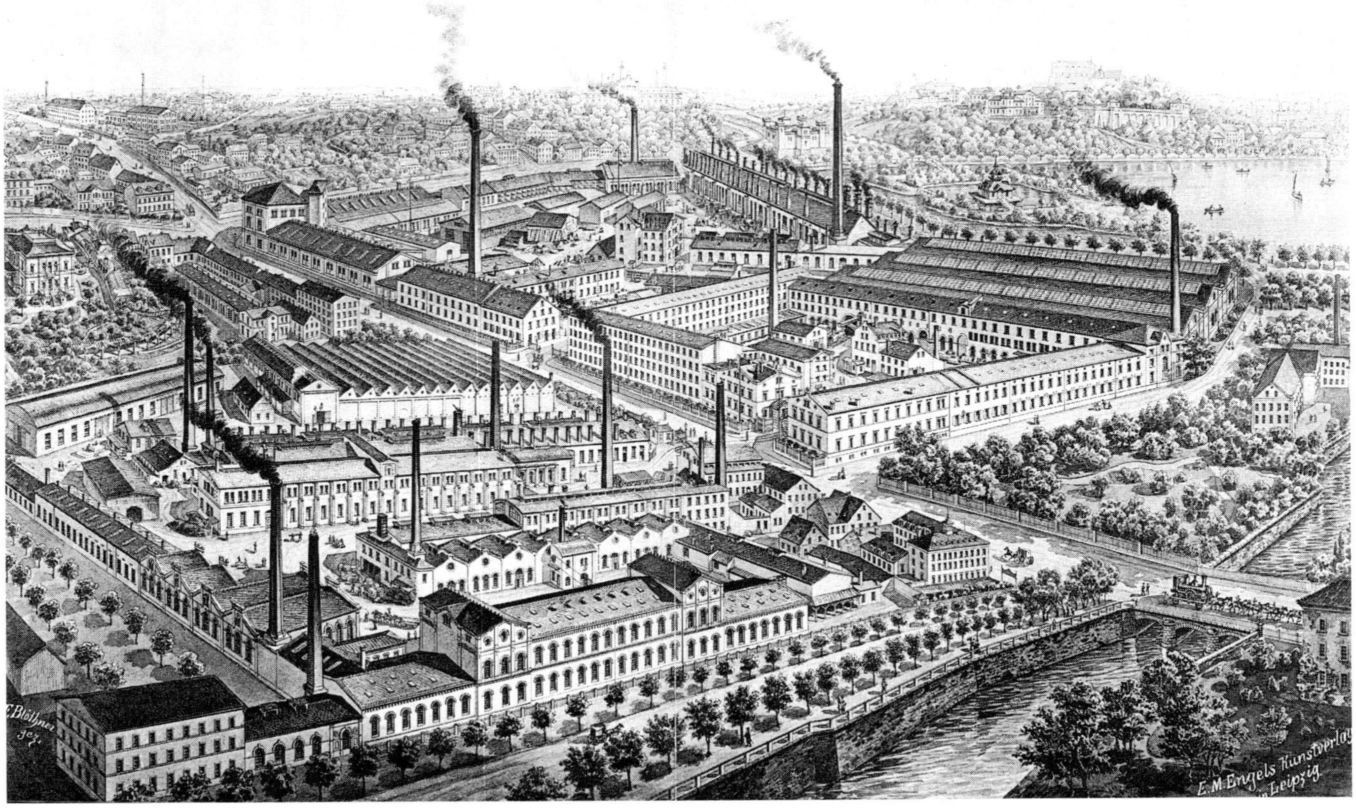

Sächsische Maschinenfabrik vorm. Rich. Hartmann AG, um 1900. An der Fabrikstraße, die parallel zum Chemnitzfluß verläuft, befand sich der Werkzeugmaschinenbau

Ein Höhepunkt besonderer Art war zwischen 1848 und 1908 der Transport von Lokomotiven mit Pferdegespannen von den Hartmannwerken zum Eisenbahnanschluß. Der letzte derartige Lokomotivtransport erfolgte am 5. September 1908 durch die Matthesstraße zum Industriebahnanschluß im Ortsteil Altendorf

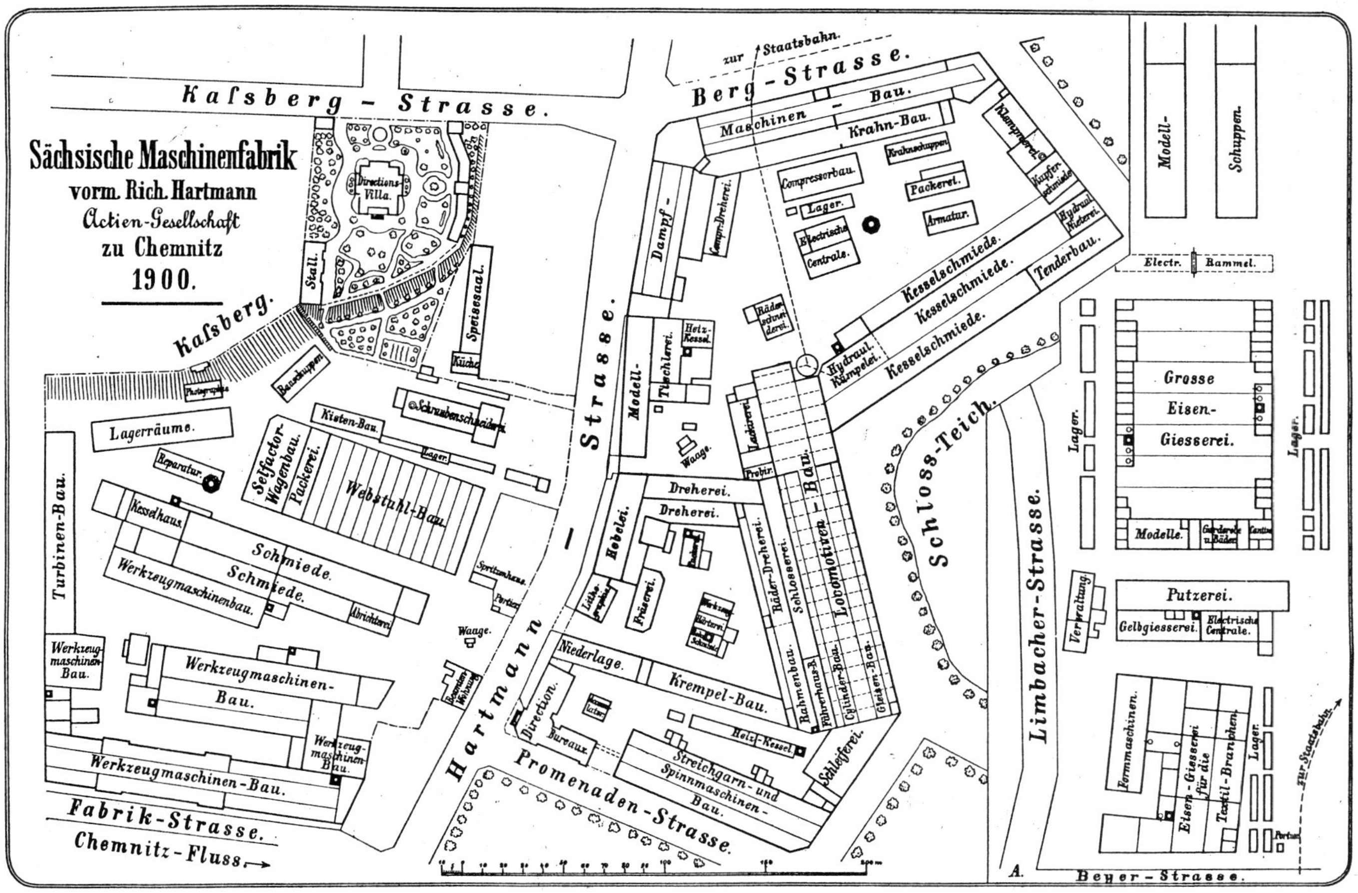

Lageplan der Sächsischen Maschinenfabrik vorm. Rich. Hartmann AG im Jahre 1900 an der Hartmannstraße und an der Limbacher Straße/Ecke Beyerstraße

Die Webstuhlfabrik von Louis Schönherr um 1855. 1854 übernahm Schönherr das Fabrikgebäude unterhalb des Schlosses. Hier hatten einst Wöhler und Lange, später C. G. Haubold und die sächsische Maschinenbauwerkstatt produziert

Brücke über den Chemnitzfluß am Eingang zur Aue. Kattunfabrik der Gebrüder Weber (links) und Kattunfabrik von Pietzsch und Müller (rechts). Im Hintergrund die Nikolaikirche

Ausschnitt aus dem „Grundriß der Stadt Chemnitz“ 1845. Ab 1800 erfolgte die Anlage der Neustadt am Anger (heute: Brückenstraße bis Theaterplatz, links der Straße der Nationen). In den dunkel abgebildeten Wohngrundstücken lebten die Weber mit ihren Familien. Da fast in der Hälfte aller Häuser gewebt wurde, sprach man auch von „Chemnitz, wie es webt und wie es lebt“

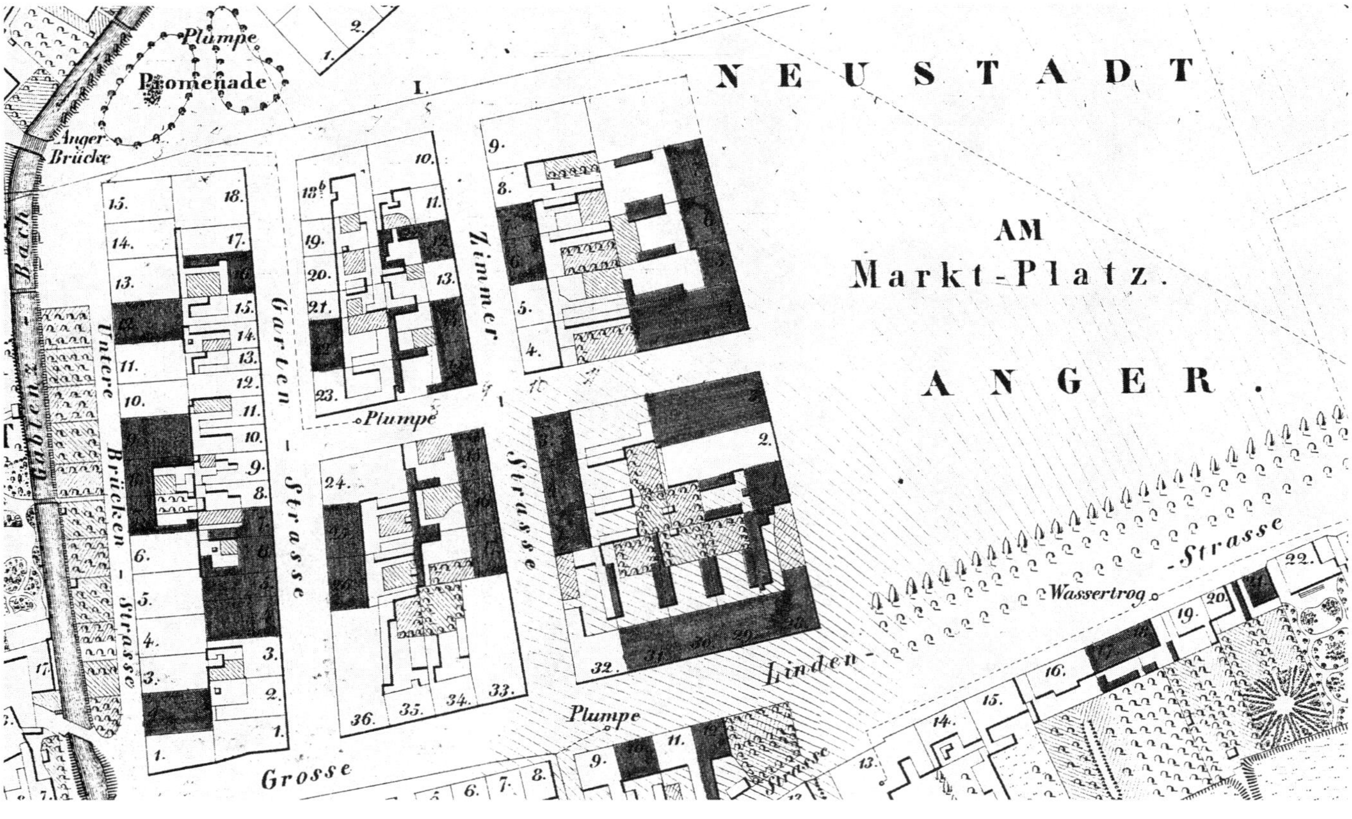

Die Baumwollspinnerei von Becker und Schraps gehörte zu den ersten und bedeutendsten Spinnereien in Sachsen

dern« besonders die Leistungen von C. G. Becker hervor. »Becker besaß das Talent mit kluger, rascher, viel umfassender Thaetigkeit eine ebenso glueckliche und weltgeschichtliche als schnell vouebergehende Konjuktur dergestalt zu benutzen, daß sein großartiges Etablissement auf solider Basis mit einer in Sachsen beispiellosen Schnelligkeit emporstieg. Mit merkantilischer Gewandtheit wußte er seinen Unternehmungen Kredit und seinen Erzeugnissen durch spekulative Bemuehungen die Vorzueglichkeit den auslaendischen zuzuwenden. Fortschritte aus fernliegenden Quellen ableitend, machte er sich, ohne selbst Techniker zu sein, um die Verbesserung der Fabrikate doch wesentlich verdient.«

In dem Schumannschen Staats-, Post- und Zeitungslexikon von Sachsen schrieb man 1817 über Chemnitz: »Der Ort hat 4 Thore und einen Umfang von mehr als einer Stunde; er ist eine der schoensten und volkreichsten Provinzialstaedte, die erste Fabrik- und die zweite Handelsstadt im Lande«. Von 14 455 Einwohnern, die Chemnitz 1820 zählte, lebten 1210 Meister, Witwen, Gesellen und Lehrlinge von der Arbeit in 54 verschiedenen Handwerkerinnungen. In der von C. G. Kretschmar alphabetisch geordneten Übersicht wurden genannt: Bader (4 Personen), Bäcker (82), Barbiere (17) . . . bis Zimmerleute (62) und Zinngießer (5). Jedoch das Weberhandwerk, welches Kretschmar gesondert aufführte, vereinte im Jahre 1820 2373 Personen. Von Chemnitz sprach man deshalb hauptsächlich als der Stadt der Weber. Der Titel einer zeitgenössischen Schrift lautete: »Chemnitz – wie es webt und wie es lebt«.

Die Höhere Webschule, eröffnet am 29. August 1864, in der Logenstraße, die nach der Annenstraße von der Reitbahnstraße nach rechts und links abzweigte. Die Logenstraße ist heute nicht mehr im Stadtbild. Ab 1906 befand sich die Höhere Webschule an der Sedanstraße (heute: Wilhelm-Raabe-Straße)

Halt!

10-Stunden-Arbeiter.

Große Versammlung

sämmtlicher streikenden Arbeiter hiesiger Fabriken

im Apollosaal

Freitag den 10. Nov. 1871 Vorm. 9 Uhr.

Tagesordnung.

Das weitere Verhalten der Arbeiter in der 10-Stunden-Bewegung.

Wichtiges zu besprechen!

NB. Controle durch Abgangszettel wird geführt; wo solche nicht vorhanden, durch das Krankenkassenbuch.

Das Central-Comitee.

Das öffentliche und gesellige Leben in der Stadt wurde zunehmend von Gesellschaften und Vereinen beeinflußt. Die Kasinogesellschaft, die sich am 1. Oktober 1782 konstituiert hatte, zählte 100 Mitglieder. Sie wollte durch zwanglose und freundschaftliche Zusammenkünfte, durch Meinungsaustausch und Lesungen ihre Mitglieder erfreuen und aufheitern. Die Kasinogesellschaft vereinte Männer aus den öffentlichen Ämtern, Kaufleute, Gelehrte, Künstler und andere angesehene und gebildete Männer »von anerkannter Rechtlichkeit und sittlich gutem Rufe«. Sie verfügte über ein eigenes, vornehmes Gesellschaftshaus. Ähnliche Gesellschaften waren die »Harmonie« und »Erholung«. Im Jahre 1817 bildeten Freunde des Liedes »aus Liebe für die Kunst und Gesangsübungen« den Chemnitzer Singverein. Er trat erstmals, bestehend aus Mitgliedern beiderlei Geschlechts, anläßlich der Reformationsfeier in der damaligen neuen Johanniskirche, späteren Paulikirche, öffentlich auf. Aus diesem Verein entwickelte sich die Chemnitzer Singakademie. Für das gesellschaftliche Vergnügen standen in der Stadt u. a. das »Hotel de Saxe«, der »Römische Kaiser«, der »Blaue Engel«, aber auch in den Vorstädten so manche Gasthäuser zur Verfügung. Zu einem öffentlichen Vergnügungsort für das Volk gestalteten die Chemnitzer den sogenannten Goldbrunnen im Zeisigwald. Der Kaufmann und das Ratsmitglied J. G. Treffurth (heute noch die Treffurthstraße nach ihm benannt) schuf 1794 durch die Anlage von Koch- und Sitzgelegenheiten die Voraussetzungen dafür, daß die Chemnitzer schon damals den Zeisigwald zur Erholung nutzen konnten.

Eine Neuheit im Kommunikationsgefüge der Stadt bildete der seit 1800 erscheinende »Chemnitzer Anzeiger«. Es handelte sich um die erste Chemnitzer Zeitung, die damals »zum Besten des oeffentlichen Verkehrs, der vaterlaendischen Geschichte und gemeinnuetziger Gegenstaende« informierte. Der Privatgelehrte und der Besitzer der Chemnitzer Buchdruckerei und Buchhandlung, Christian Gottfried Kretschmar, erwarb sich mit der Herausgabe dieser Zeitung sowie mit seinem Buch »Chemnitz, wie es war und wie es ist« (1822) bleibende Verdienste.

Zu einem neuen Aufschwung der wirtschaftlichen Verhältnisse kam es nach der Volkserhebung des Jahres 1830. In Chemnitz versammelte sich am Abend es 11. September 1830 eine tausendköpfige Menge auf dem Markt. Etwa 50, vorwiegend junge Personen, drangen in das Haus der katholischen Kaufleute Gabriel Rompano und Anton Sala, die aus Italien stammten, ein. Das Volk nahm sich die Lebensmittel, zerschlug Wein- und Ölfässer, zerriß Geschäftsbücher und zertrümmerte Möbel und Einrichtungen. Der Sachschaden wurde auf 35 000 Taler geschätzt. Der Zorn des Volkes richtete sich auch gegen die Stadtobrigkeit. Mit dem Lied »Ein freies Leben führen wir« zogen 200 bis 300 Aufständische zum Haus des Bürgermeisters Dr. Gotthold Leberecht Sachse, den sie auch tätlich angriffen. Die Masse forderte und erzwang die sofortige Freilassung der Bauern aus den Dörfern Neukirchen, Klaffenbach und Burkhardtsdorf, die wegen Verweigerung der Frondienste in der Chemnitzer Amtsfronfeste eingesperrt waren.

Es herrschte in breiten Kreisen der Bevölkerung, nicht nur bei den untersten Volksschichten, eine große Unzufriedenheit. Zu den Chemnitzer Forderungen, die der fortschrittliche Advokat Moritz August Richter Anfang Oktober 1830 in einem 16-Punkte-Programm zusammengefaßt hatte, gehörten u. a.:

– Einführung der neuen Gemeindeverfassung, Wahl des Stadtrates durch die Bürgerschaft.

– Öffentlichkeit in allen Stadtangelegenheiten oder gänzliche Aufhebung der Zensur.

– Humanes Benehmen gegen Bürger aller Stände in öffentlichen Geschäften.

– Außerordentliche Armenunterstützung für den bevorstehenden Winter, z. B. von seiten der Regierung.

– Baldige Abfassung eines faßlichen Gesetzbuches samt Prozeßordnung für Sachsen.

– Wahl der Chemnitzer Abgeordneten zum bevorstehenden Landtage durch die Bürgerschaft.

Die Lithographische Anstalt von Hugo Wilisch (gegr. 1848) hatte seit 1864 ihren Sitz in der Langestraße in der Nähe des alten Hauptpostgebäudes (heute nicht mehr im Stadtbild). Zwischen 1865 und 1878 gab die Firma die »Chemnitzer Nachrichten« heraus

Die bedeutendste Chemnitzer Verlags- und Druckanstalt war die Fa. J. C. F. Pickenhahn & Sohn (gegr. 1838) in der Theaterstraße. Sie gab das »Chemnitzer Tageblatt« heraus

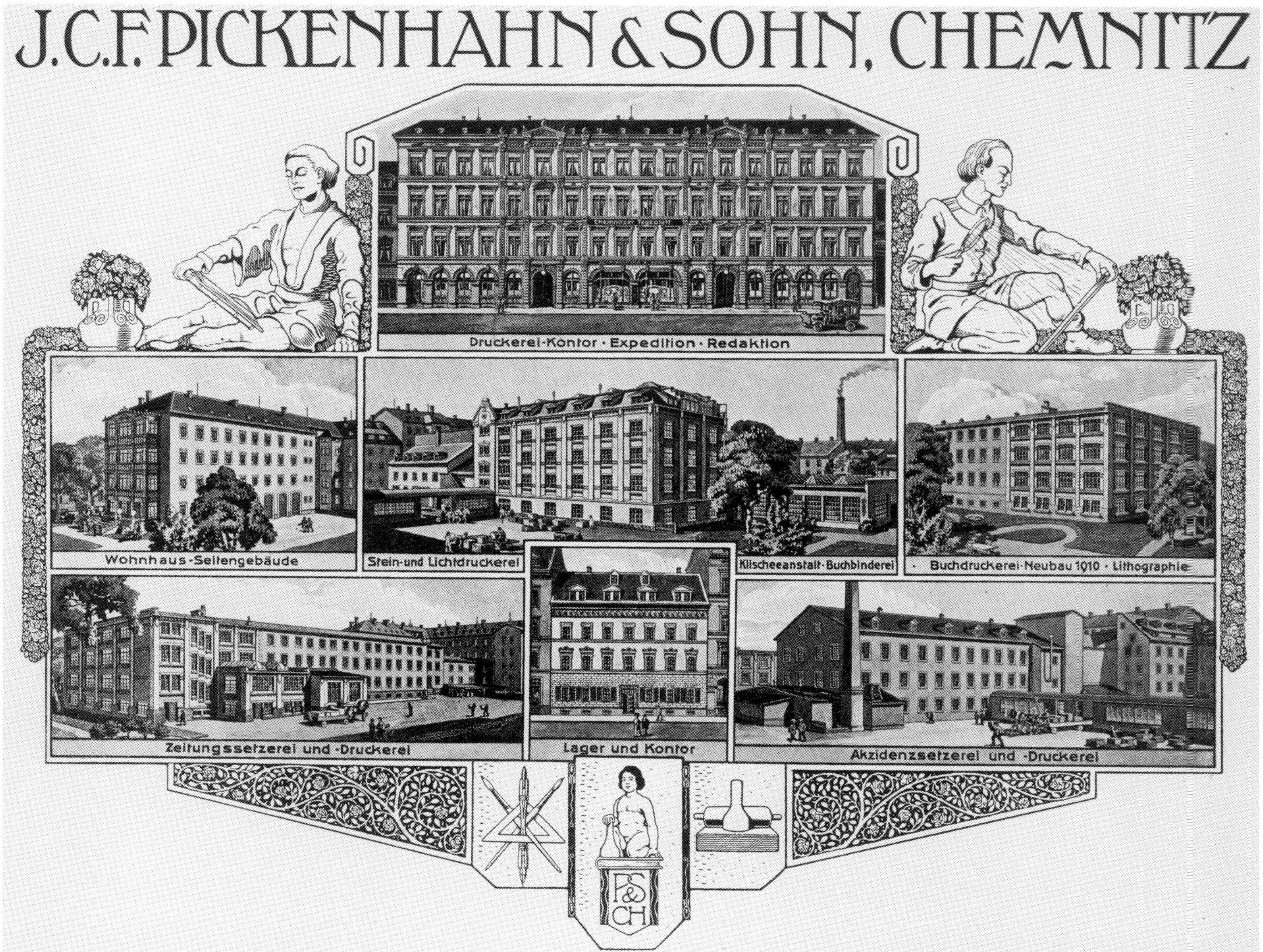

Die Armenunterstützung war ein wesentliches gesellschaftliches Anliegen. In Chemnitz gab es bei etwa 18 000 Einwohnern im Jahre 1831 insgesamt 548 Almosenempfänger. Nach dem sehr strengen Winter 1829/30 wurde die Armenpflege neu organisiert. Die Bürgerschaft entschloß sich, ein die gesamte Stadt erfassendes Fürsorgesystem aufzubauen. In einer Bekanntmachung vom 6. Mai 1830 wurde die Stadt in zehn Bezirke untergliedert, die durch 10 Pflegebeauftragte jeweils 10 Häuser betreuten.

Im Zentrum der Chemnitzer Forderungen stand die Einführung einer neuen Städteordnung. M. A. Richter, den man wegen seines demokratischen Auftretens später verhaftet hatte und der nach seiner Freilassung nach Amerika auswanderte, forderte, daß die Bürger aus allen sozialen Schichten ihre Gemeindeangelegenheiten selbst regeln sollten. Eine klare Trennung zwischen Justiz und Verwaltung müsse herbeigeführt werden und die Wahrnehmung der Amtsgeschäfte sei an sachkundige Personen zu übertragen. Diese Auffassungen konnten nicht überhört bleiben. Noch bevor die »Allgemeine Städte-Ordnung für Königreich Sachsen« vom 2. Februar 1832 erlassen wurde, wählten die Chemnitzer Bürger im März 1831 ihre »Communrepräsentanten«. Die 27 Stadtverordneten erhielten das Mandat von über 300 Wahlmännern.

In den dreißiger Jahren waren die durch die Industrielle Revolution hervorgerufenen neuen Produktionsverfahren schon deutlich sichtbar geworden. In der Baumwollspinnerei, die in und um Chemnitz vorherrschte, gab es um 1830 eine völlig neue materiell-technische Basis. Die teilmechanisierte Fabrik gewann die dominierende Stellung im Produktionsprozeß. Der Maschinenbau, bis zu jener Zeit im wesentlichen nur eine Abteilung der Spinnerei und der Weberei, ging eigenständige Wege. Ein Zeitgenosse stellte dazu 1836 fest: »Unter allen Städten des sächsischen Vaterlandes hat sich unstreitig keine eines so schnellen Aufblühens und Entfaltens in aller Beziehung erfreut, als Chemnitz. Schon eine Reihe von Jahren zwar lag der Keim seiner Größe in einem durch industrielles Streben und rege Thätigkeit von mehreren ausgezeichneten Männern gut gepflegten Boden; jedoch so schnellen Wachsthums hatte sich selbst kein Einheimischer versehen. Jeder Fremde, der einen Zeitraum von nur einigen Jahren nicht dahin kam, hat Mühe, die früheren Thore, Mauern und Graben umgebene Stadt als dieselbe wieder zu erkennen.«

Nach dem Abriß der Stadtmauer und der Tore wurde der Stadtgraben aufgefüllt. Man legte darauf kleine Gärten und Plätze an. Ab 1830 bebaute man ihn mit städtischen Einrichtungen. Als Repräsentationsbauten entstanden 1831 die Bürgerschule und 1838 das Stadttheater. Beide Häuser hatte der Stadtarchitekt Johann Traugott Heinig (1796–1841) entworfen. Nach mehrfachen Rekonstruktionen und Umbauten wurden diese beiden Gebäude beim Luftangriff am 5. März 1945 zerstört. Das Bedürfnis nach technischer Bildung wuchs mit den schnellen Veränderungen im Produktionsprozeß. Der in Chemnitz ansässige »Industrieverein für das Königreich Sachsen«, gegründet am 1. April 1829, bemühte sich nachdrücklich um den Ausbau technischer Bildungseinrichtungen.

Neben der Sonntagsschule, die 1836 etwa 400 Schüler besuchten, konnte dafür am 2. Mai 1836 die Königliche Gewerbschule in den Räumen der alten ehrwürdigen Chemnitzer Lateinschule eröffnet werden. In der Maschinenbauanstalt von Julius Borcherdt baute man 1835 in Chemnitz die erste Dampfmaschine. C. G. Haubold, J. S. Schwalbe und J. C. Irmscher gelten als die Begründer des Chemnitzer Maschinenbaus. Irmscher war wohl der erste, der 1807 eine selbständige Maschinenbauanstalt anlegte und in dieser die Jennymaschine verbesserte, eine Vorspinnmaschine entwickelte und Mulemaschinen baute. Auch Schwalbe besaß seit 1816 in Chemnitz eine Maschinenbauwerkstatt.

Carl Gottlieb Haubold (1783–1856) war sicherlich der erfolgreichste Chemnitzer Maschinenbauer in der ersten Phase der Industriellen Revolution.

Es war die 1800 von Wöhler & Lange errichtete Baumwollspinnerei, die Haubold am Fuße des Chemnitzer Schlosses 1826 erwarb und in der er einen sehr ausgedehnten Maschinenbau betrieb. Ende der zwanziger Jahre baute Haubold die erste Kammgarnspinnmaschine. Er rüstete große Fabriken mit den damals modernsten Maschinen aus. Sein Betrieb war zugleich eine Bildungsstätte für Maschinenbauer, die wie Richard Hartmann später noch weithin mit ihren Erzeugnissen bekannt wurden.

1836 verkaufte Haubold seine Unternehmungen an die Sächsische Maschinenbau-Compagnie. Friedrich Georg Wieck beschrieb diese: »Die Werkstatt, welche mit besonders guten Werkzeugen ausgerüstet ist, liefert alle Sorten von Maschinen, von den feinsten bis zu den schwersten; namentlich hat sie aber eine langjährige Erfahrung im Bau von Spinnmaschinen aller Art.«

Chemnitz als das sächsische Manchester stand vor allem mit dem Namen Richard Hartmann (1809–1878) in Verbindung. Der aus dem Elsaß stammende Maschinenbauer hatte zunächst ab 1832 bei C. G. Haubold gearbeitet, bevor er 1837 mit Franz Karl Illing und ab 1839 mit August Götze seine Werkstatt zum Bau von Baumwollspinnmaschinen eröffnete. Für den Zeitgenossen Friedrich Georg Wieck war die Maschinenbauwerkstatt von Götze und Hartmann »besonders ausgezeichnet im Bau von Maschinen für die Tuchfabrikation, Streichgarnspinnereien und Dampfmaschinen.« Hartmann, dieser tüchtige, energische, erfinderische Unternehmer führte ab 1842 den Betrieb allein. Er besaß neben den Fähigkeiten des Maschinenbaus auch die eines Organisationstalents und eines Kaufmanns. Schon in der Mitte der vierziger Jahre besaß er den größten Betrieb in Chemnitz. Am 7. Februar 1848 verließ die erste Lokomotive mit dem Namen »Glückauf« das Werk. 70 Jahre später, im März 1918, wurde die viertausendste Lokomotive geliefert.

Die Beschreibung des sächsischen Manchesters finden wir erstmals 1859 in den »Lebensbildern vom Sächsischen Erzgebirge«. Darin wurden die Vorzüge von Chemnitz gegenüber seinem »insularen Vorbild in einigen und zwar sehr wichtigen Punkten« dargestellt. »Es entbehrt nicht der guten Elementarschulen, die alle, auch die in Fabriken arbeitenden Kinder unterrichten; es hat keine ungesunden, schmutzigen Arbeiterquartiere und keine Schnapshäuser mit verthierten Trinkern; es hat keine abschreckend zerlumpten Bettler auf den Straßen und bedarf keiner Nachtasyle für Obdachlose; es hat keine religiöse Sectirerei mit ihrem widrigen Gefolge.« Man fügte hinzu: »Chemnitz hat eine hoffnungsvolle Zukunft vor Augen«. Mit einfühlsamen und bewundernden Worten charakterisierte der Autor die »größte und vielseitigste Anstalt ... des Herrn Hartmann«. Man liest darüber: »Zur Hartmann'schen Fabrik zeigt dem Fremden jeder Chemnitzer den Weg mit ebenso viel Heimatstolz als ein Dresdner nach dem Museum hindeutet. Selbst der Reisende, der an andern Orten größere

Anstalten der Art gesehen, kann seine Mußestunden nicht nützlicher und angenehmer ausfüllen, als durch die Besichtigung dieser mit dankenswerther Gefälligkeit zugänglich gemachten Fabrik, welche man nicht unter der Leitung eines eiligen Führers zu durchlaufen braucht, sondern unter dem Schutz einer Einlaßkarte nach Belieben durchwandeln kann.« Danach folgte im Detail eine interessante Schilderung über die Fabrikanlage, das bewundernswerte Zusammenspiel der Arbeiter, die Schönheit, Genauigkeit und Großartigkeit der Erzeugnisse. Um 1900 war die Sächsische Maschinenfabrik vorm. Richard Hartmann AG eine Stadt in der Stadt. 4700 Arbeiter und 300 Beamte beschäftigte das Werk. In 26 Länder gingen die hergestellten Maschinen, es war ein Export, der fast die gesamte Welt umspannte. Die Weltwirtschaftskrise 1929 bis 1933 überstand aber nur der Textilmaschinenbau, der sich am 16. Juli 1930 als »Sächsische Textilmaschinenfabrik vorm. Rich. Hartmann AG« mit dem Fabrikgebäude an der Altchemnitzer Straße (heute: Spinnereimaschinenbau) konstituierte.

Vom Johannisplatz – rund um das Zentrum

Nachdem Chemnitz schon in der ersten Hälfte des 19. Jahrhunderts mit der Bebauung der Neustadt am Anger eine beachtliche Erweiterung erfahren hatte, erhielt die Ausdehnung der Stadt in der zweiten Hälfte des 19. Jahrhunderts neue Dimensionen. Rund um den ehemaligen Stadtkern entstanden neue Wohngebiete und industrielle Anlagen. Hatte man die Stadtbefestigungsanlagen schon vor 1850 abgetragen und den ehemaligen Stadtgraben verschüttet, so konnte man nunmehr darauf weiterbauen und die ehemaligen Vorstädte unmittelbar mit dem Stadtzentrum verbinden. Zwei bedeutende städtische Gebäude gaben 1860 den Anlaß, die Straßen rund um das Zentrum nach ihnen zu benennen. In der Bekanntmachung 213 vom 15. August 1860 gab der »Rath der Stadt Chemnitz« bekannt: »Der Johannis- und Chemnitzer Graben, zusammengenommen, heißen von jetzt ab Poststraße«. Hatte man doch ein knappes Jahr zuvor das neue Hauptpostamt unmittelbar am Chemnitzer Graben errichtet. Tags später verkündete das Chemnitzer Tageblatt erneut in der Bekanntmachung 215, daß der Platz von der Johannisgasse bis Stadt Gotha und von der Königstraße bis zum Haus des Kaufmanns Bleyl die Bezeichnung »Johannisplatz« erhält und daß fortan der Pforten- und der Klostergraben, bis zur Einmündung Königstraße, zusammen

Der Johannisplatz (heute Posthof) von der äußeren Johannisstraße (rechts) und Poststraße (links) mit Blick in die Theaterstraße. Das Haus des Chemnitzer Bankvereins (1912), von Erich Basarke erbaut, steht noch heute im Posthof

den Namen »Theaterstraße« tragen. Das Stadttheater stand schon seit 1838 am Pfortengraben.
Mit der Namensgebung »Johannisplatz« wollte man die historische Verbundenheit zur mittelalterlichen Stadtanlage, zum Johannistor und zur Johanniskirche, erhalten. Der Johannisgraben war schon im 16. Jahrhundert als »graben an andern seitten vor sant Johannes thor« bekannt.
Mit der Großstadtentwicklung erfolgten auf diesem historischen Boden mannigfache Veränderungen. Der Johannisplatz bildete in der ersten Hälfte des 20. Jahrhunderts den verkehrsreichsten Platz der Stadt. Über ihn führten die meisten Straßenbahnlinien. Vor 1914 mündeten in den Johannisplatz die König-, Theater- und Friedrich-August-Straße sowie die Post-, Innere Johannis- und Äußere Johannisstraße. Die bekanntesten Gebäude waren das 1898 an der Ecke Königstraße/Johannisplatz errichtete Kaufhaus Bruno Schellenberger. Mit seiner auffallenden Architektur gehörte dieses »weltstädtisch« ausgestattete Geschäftshaus zu den ersten Häusern am Platz. Gegenüber, Johannisplatz/Ecke Friedrich-August-Straße, wurde zwischen 1900 und 1902 der das Zentrum beherrschende Hotelpalast »Stadt Gotha« erbaut. Vor dem Ersten Weltkrieg gehörte das Haus zu den vornehmsten Hotels und gastronomischen Einrichtungen. In der 1911 veröffentlichten Festschrift zur Einweihung des Neuen Rathauses war zu lesen: »Eine malerische Treppenanlage führt zu dem Weinrestaurant, einer säulengetragenen, in heiteren Farben prangenden Halle, in der die bildenden Künste und das moderne Kunstgewerbe in schönem Bündnis ein wohlgelungenes harmonievolles Werk schufen.«
Im Jahre 1911 wurden der »Johannis-Automat«, das Café »Corso« und das Spezialgeschäft »Globus« eröffnet. Wenige Wochen nach der feierlichen Einweihung des Neuen Rathauses (2. September 1911) konnte der Chemnitzer Bankverein sein neues Gebäude am Johannisplatz beziehen. Es war nach den Plänen der Architekten Alfred Zapp und Erich Basarke errichtet worden. Dieser repräsentative Monumentalbau bildete mit seiner Muschelkalkfassade ebenfalls ein Schmuckstück dieses Platzes.
In den Gebäuden am Johannisplatz befanden sich in den zwanziger Jahren auch Bankinstitute, wie die Commerz- und Privatbank AG, aber auch Ärzte, Anwälte, Vereine, Versicherungsbüros und Handelsvertreter hatten hier ihr Domizil. Zeitweilig unterhielt im Haus des Chemnitzer Bankvereins die Dresdner Ballettschule von Mary Wigmann eine Zweigstelle. Im zweiten Weltkrieg wurde dieser Platz fast vollkommen zerstört. Heute umfaßt dieser stadtgeschichtlich bedeutsame Boden den »Posthof«. Das Haus des Chemnitzer Bankvereins wurde wieder aufgebaut, allerdings hat man dabei die Fassade völlig verändert. War der Johannisplatz einst der bedeutsamste Platz, so konnte man für die Königstraße feststellen, daß sie »eine der Hauptverkehrsadern der Stadt« war. Noch 1841 beschrieb Friedrich Georg Wieck die große Lindenstraße, aus der die Königstraße hervorging, mit schmückenden Worten: »Die große Lindenstraße ist die Hauptstraße, welche gerade von der Spielgasse nach dem Angerschlage fuehrt. Unter den Linden ist die Fortsetzung dieser Straße, welche wenn auch nicht so eine Einsicht wie die Berliner, jedenfalls aber eine schoenere Aussicht hat . . . Die Promenade unter den hohen Linden ist anmuthig: leider sind in frueherer geschmackleerer Kulturperiode fuer eingehende Linden, grenadiermaeßige Pappeln angepflanzt, zum Aerger aller Freunde schoener Baeume . . . Die rechte Seite der großen Lindenstraße zaehlt lauter schoene, neue Haeuser. Der Fahrweg ist gut chaussirt; aber Staub, wenn es nicht geregnet hat, sehr viel Staub da, sonst Schmutz. Wassersprengen wuerde helfen; ist aber bei uns nicht gebraeuchlich.« Ein reichliches halbes Jahrhundert später, um 1900, standen an dieser Straße, die nun den Namen Königstraße trug, großstädtische Geschäftshäuser. Wer durch diese Straße ging, konnte stattliche, prachtvolle Schaufenster, Verkaufs- und Geschäftsräume bewundern. An der Ecke Brücken-/Gartenstraße stand die alte Kronenapotheke. Zugleich konnte man hier im Reisebüro der Hamburg-Amerika-Linie buchen. Daneben befand sich die Großrösterei und Kaffeehandlung Herrmann Arnold. Im nächsten Haus lud die Konditorei Michaelis zum Verweilen ein. Ein weithin bekanntes Geschäftshaus war auf der anderen Straßenseite die Konfektions- und Manufakturwarenhandlung von Königsfeld & Co. Diese Firma hatte sich am 17. September 1881 in Chemnitz etabliert. 1889 bezog sie das Grundstück an der Königstraße. Die Eröffnung des Modehauses war damals auch deshalb eine Sensation, weil es die erste Chemnitzer Firma war, die eine elektrische Außenbeleuchtung vor den Schaufenstern zeigte. Systematisch wurde das Kaufhaus durch den Ankauf neuer Grundstücke erweitert, umgebaut und ständig modernisiert. Zum 50jährigen Jubiläum – bekanntlich in der Zeit der Weltwirtschaftskrise – beschäftigte die Firma 300 Angestellte. In dieser Geschäftsstraße praktizierten ebenfalls wie am Johannisplatz namhafte Ärzte und Anwälte. Die Chemnitzer »Allgemeine Zeitung« hatte in dieser Straße ihren Verlag und ihre Druckerei.
Mit der Citybildung nahm auch die Theaterstraße einen repräsentativen Charakter an. Gleich am Eingang stand das vornehme Haus der Kasinogesellschaft. Der prächtige Bau entstand nach den Plänen der Architekten Georg Weidenbach und Anton Käppler, er wurde 1888 eingeweiht. In der Theaterstraße 6–10 betrieb der Verlag und die Druckerei der Firma J.C.F. Pickenhahn sein Unternehmen. Hier erschien seit 1866 das »Chemnitzer Tageblatt«. Die Chemnitzer Adreßbücher, die uns heute wesentliche Informationen über das alte Chemnitz liefern, wurden bei Pikkenhahn bearbeitet und gedruckt.
In der Theaterstraße hatten solche angesehenen Firmen wie die Buchdruckerei Alexander Wrede, die Kunstgewerbehandlung Bielenberg, die zahntechnische Handlung Herrmann Zauther ihren Sitz. Das Schauspielhaus, die Stadtbücherei, die Chemnitzer Volksbühne und andere städtische Einrichtungen befanden sich auf dieser Straße.
Der ost-südliche Halbkreis des Zentrums führte an der Poststraße entlang. Auch diese Straße wurde durch die Chemnitzer Bank- und Geschäftswelt beherrscht. Die Allgemeine Deutsche Kreditanstalt, Filiale Chemnitz, die Chemnitzer Girobank KG, die Dresdner Bank, Filiale Chemnitz hatten hier ihren Platz. Als bekanntestes Warenhaus, das auch noch heute an der Poststraße steht, öffnete 1913 das neue Kaufhaus Tietz seine Tore.
Zwischen 1912 und 1930 ist die Kultur der Stadt Chemnitz untrennbar mit dem Namen Anton Richard Tauber verbunden. Der am 21. April 1861 in Wien Geborene bewarb sich als »Königl. Hofschauspieler und Regisseur« in einem Schreiben vom 28. Februar 1912 aus Wiesbaden an den »wohllöblichen Rat der Stadt Chemnitz« um die ausgeschriebene Stelle »des Direktors der vereinigten Stadttheater zu Chemnitz«. Richard Tauber stand damals im 51. Lebensjahr, nach seiner Darstellung »im kräftigen Mannesalter« und bei bester

Der Johannisplatz an der Einmündung Königstraße (links) und Theaterstraße (rechts) mit Blick in die Poststraße. Im Stadtzentrum kreuzten sich auf diesem verkehrsreichsten Platz fast alle Straßenbahnen. Links im Bild das Kaufhaus Schellenberger

»physischer und geistiger Gesundheit«. Er konnte auf eine über 30jährige erfolgreiche Tätigkeit an erstklassigen Theatern von Berlin, Wien, Prag, Hamburg, München und Wiesbaden verweisen. Am 2. April 1912 verhandelte der städtische Theaterausschuß über seine Bewerbung. Dieser kam zu dem Entschluß, die städtischen Theater an Richard Tauber in Pacht zu geben. Damit wurde er der Nachfolger des in Ruhestand gehenden Theaterdirektors Richard Jesse, der von 1889 bis 1912 die Chemnitzer Bühnen mit Erfolg geleitet hatte. In diesen 23 Jahren prägten der schnelle wirtschaftliche Aufschwung, der gewaltige Bevölkerungszuwachs, die Veränderung der Freizeitbedürfnisse und andere Prozesse auch die kulturelle städtische Szene. Mit der Großstadt- und Citybildung entstanden im Stadtinneren große Vergnügungssäle, Konzert- und Theatereinrichtungen, Versammlungsräume und Hotels. Dazu gehörten das Kaufmännische Vereinshaus (1901), das Centraltheater (1902), das Metropoltheater (1913), das Hotel »Stadt Gotha« (1902), das Reichscafe (1914).

In der Nähe des Hauptbahnhofes, der Technischen Staatslehranstalten und des Schillerplatzes schuf man zwischen 1906 und 1909 mit dem Städtischen Museum und Neuen Stadttheater (ab 1925 Opernhaus) das Kulturzentrum der sächsischen Industriemetropole.

Am 1. September 1909 wurde das Neue Stadttheater festlich eröffnet. Richard Tauber nutzte in den folgenden Jahren seine Möglichkeiten, um die Chemnitzer Bühnen weit über die Grenzen der Stadt hinaus bekanntzumachen. Durch seine weitreichenden Verbindungen konnte er Theaterschaffende mit Rang und Namen nach Chemnitz verpflichten. Ständig war er auf Talentsuche.

Ein herausragendes Ereignis im städtischen Theaterleben bildete der 2. März 1913. Im Neuen Stadttheater gab C. Richard Tauber, der Sohn des Theaterdirektors, in Mozarts »Zauberflöte« sein Debüt. Das Chemnitzer Tageblatt berichtete seinerzeit: »Zum ersten Male auf der Bühne und gleich als Tamino – der Mensch versuche die Götter nicht – dachte man in Besorgnis. Aber der Verlauf dieses Abends erbrachte die Rechtfertigung dieses geradezu unwahrscheinlichen Novizenwagemuts ... Als hätte er zeitlebens nirgendswo anders als zwischen Kulissen und vor dem bleckenden Rachen des Ungeheuers Publikum gelebt, so bewegte sich der junge Künstler auf der Bühne. Ein echtes Theaterblut, dem man mit Staunen nicht den geringsten Mangel an Sicherheit und Routine anmerkte.« Nach diesem Erfolg und mit der zunehmenden Anerkennung, die der Kammersänger Richard Tauber fand, wiederholte er 1913, 1919 und von 1923 bis 1930 fast jedes Jahr seine Gastauftritte in Chemnitz.

In dem Maße, wie sich in und um Chemnitz die Industrie entwickelte, suchten tausende Menschen hauptsächlich in den

Die Königstraße führte vom Johannisplatz zum Theaterplatz (früher Neustädter Markt, Königsplatz 1909–1922). Sie war die bedeutendste Geschäftsstraße der Innenstadt. Als in den sechziger Jahren die Straße der Nationen bebaut wurde, fielen die letzten Häuser der Königstraße, darunter die Kronen-Apotheke, das Cafe Michaelis, das Zeitkino und das Hotel Herrmann

Arbeiterwohngebieten der Süd-, Ost- und Nordvorstadt sowie in den Vorortgemeinden ein neues Heim. Wie die folgende Übersicht zeigt, kam es zwischen 1871 und 1914 zu einer Bevölkerungsexplosion. Auch nach dem Ersten Weltkrieg, in dem die Zahl der Einwohner zurückging, stieg diese in den zwanziger Jahren bis 1930 auf 360 250, den höchsten Einwohnerstand ihrer bisherigen Geschichte. Am Ende des Zweiten Weltkrieges zählte die Stadt 245 522 Einwohner.

Eine bedeutende Erweiterung erfuhr der Eisenbahn- und Straßenbahnverkehr. An einem Septembertag des Jahres 1908 registrierte man auf dem Hauptbahnhof die An- und Abfahrt von 250 Zügen, die über 43 000 Personen beförderten. Zwischen 1903 und 1909 erfolgten umfangreiche Neubauten und Rekonstruktionen von Eisenbahnbrücken. Wenn vorher die Eisenbahnlinie die Straße wie zum Beispiel an der Waisen- und Dresdner Straße in gleicher Höhe überquerte, so wurde der gesamte Eisenbahnverkehr vom Hauptbahnhof nach Schönau durch Über- bzw. Unterführungen an der Waisen-, Dresdner-, Hain-, Ufer-, Ost-, Bernhard-, Bernsdorfer, Reichenhainer, Annaberger, Becker-, Stollberger, Reichs-, Goethe- und Lützowstraße geleitet. Am 5. September 1906 wurde der neue Nikolaibahnhof westlich der Stollberger Straße eröffnet. Der Bahnhof Altchemnitz, an der Altchemnitzer Straße gelegen, stellte am 1. Oktober 1908 mit der Eröffnung des Südbahnhofes seinen Betrieb ein. Den städtischen Alltag schildert Curt Wilhelm Zöllner 1888 in seiner Geschichte der Fabrik- und Handelsstadt Chemnitz: »Und draußen, wo vor nicht allzu langer Zeit noch ländliche Stille über den Fluren ausgebreitet lag, da donnern jetzt die gewaltigen Schläge dampfgetriebener Riesenhämmer, da sausen und schwirren zahllose Maschinenräder, da rasseln und ächzen vom frühen Morgen bis in die späte Nacht hinein die vielen die Vorstädte durchschneidenden Eisenbahnzüge.«

Die Chemnitzer Straßenbahn erhielt am 22. April 1880 als Pferdeeisenbahn auf der Straße ihre Weihe. Sie führte vom Hauptbahnhof über die Poststraße zur Nikolaibrücke. Schon bald konnte man durch die Schillerstraße zum Wilhelmplatz fahren, aber auch über die Theaterstraße gelangte man zur Nikolaibrücke. Am 19. Dezember 1893 fuhr die erste elektrische Straßenbahn. Erst 1908 ging die gesamte Straßenbahn für 10,5 Mill. Mark in städtisches Eigentum über.

Als nach der Mitte des 19. Jahrhunderts – die Mauern waren längst gefallen – die Stadterweiterung planmäßig vollzogen wurde, ging man auch daran, in angemessener Entfernung rund um den Stadtkern

Am 22. Juni 1899 fand auf dem Hauptmarkt vor dem Rathaus die Denkmalsweihe für die Standbilder Kaiser Wilhelm I., Reichskanzler Otto von Bismarck und Feldmarschall Hellmuth von Moltke statt. Die Denkmäler standen bis zum Ende des Zweiten Weltkrieges auf dem Markt

Geschäfts- und Modewarenhaus von Bruno Schellenberger an der Ecke Johannisplatz/Königstraße

systematisch grüne Plätze anzulegen. Zu Ehren von Friedrich Schiller weihte man 1859 anläßlich seines 100. Geburtstages den Schillerplatz. Es war damals der größte Platz des Landes und umfaßte den Raum vom Städtischen Museum bis zur Aktienspinnerei (heute: Stadtbibliothek). Danach folgten der Wilhelmplatz (heute: Wilhelm-Külz-Platz), Wettinerplatz (heute: Thomas-Mann-Platz), Goetheplatz, Stephanplatz, Rosenplatz, Kaiserplatz (heute: Gerhart-Hauptmann-Platz), Luisenplatz, Lessingplatz und Körnerplatz. In der 1911 vorgelegten Schrift »Chemnitz in Wort und Bild« wurde zusammengefaßt: »Insgesamt maßen die städtischen Parkanlagen, die Herrn Gartenbaudirektor Werner unterstehen, am Ende des Jahres 1910 einschließlich des 1. Teils des neuen Stadtparks (14 ha) rund 1 753 600 qm, davon entfallen auf Ball- und Kinderspielplätze 116 000 qm. Nahezu 20 000 Bäume umsäumten die Straßen. Sie gaben trotz der gewissen Enge der Stadt ein wohltuendes Bild.«

Der Chemnitzer Hauptmarkt um 1935 mit Blick in den Holzmarkt

Übersicht über die Bevölkerungsentwicklung zwischen 1871 und 1930

Jahr	Einwohnerzahl	Jahr	Einwohnerzahl
1871	68 229	1911	294 000
1875	78 209	1912	304 500
1880	95 135	1913	315 000
1883	102 713	1914	320 000
1885	110 817	1915	301 000
1890	138 954	1916	291 000
1895	161 017	1917	280 500
1896	167 660	1918	278 000
1897	173 890	1919	301 500
1898	179 420	1920	312 000
1899	181 410	1921	314 500
1900	206 913	1922	319 750
1901	210 430	1923	322 400
1902	212 250	1924	324 500
1903	217 256	1925	331 500
1904	232 969	1926	336 750
1905	244 927	1927	343 000
1906	249 820	1928	351 250
1907	255 420	1929	358 250
1908	270 250	1930	360 250
1909	280 110		
1910	281 006		

Zwischen 1880 und 1929 vergrößerte die Stadt ihr Territorium durch die Eingemeindung von 15 Gemeinden.

Die Wanderungen in die westlich gelegenen Vororte führten über die Nikolaibrücke. Das war schon seit Jahrhunderten so. 1844 wurde die Niclasgasse, gelegen zwischen Nikolaibrücke und Kappler Drehe, als erste selbständige Gemeinde im 19. Jahrhundert nach Chemnitz einverleibt. Noch bis 1912 gelangte man über die Nikolaibrücke in die Zwickauer Straße, und über die Auebrücke kam man von der Poststraße in die Aue. Im Jahre 1912 wurde mit der Verbreiterung des Falkeplatzes, am 1. Juli 1907 nach dem Strumpffabrikanten Bruno Falke benannt, begonnen. Mit diesem Vorhaben beabsichtigten die Stadtväter, die Annaberger Straße an ihrer Einmündung in die Poststraße zu entlasten und schon im Vorfeld eine direkte Verbindung zur Theater- und Zwickauer Straße herzustellen. Dazu war erforderlich, auf einer Länge von 280 Metern den Chemnitzfluß in einer Breite von durchschnittlich 18 Metern zu überdecken. Da an der Zwickauer Straße der Mühlgraben auch noch offen in die Chemnitz mündete, mußte dieser ebenfalls auf einer Länge von 130 Metern überwölbt werden. Die Arbeiten an diesem großen Fluß- und Straßenprojekt begannen im Mai 1912. Sehr schnell erfolgte die Überbrückung zum Flußknie – Höhe der Annaberger Straße, etwa Annenstraße – bis zur alten Auebrücke, die man bereits im Juni 1912 abbrach. Noch im Jahre 1912 wurde der Mühlgraben überwölbt. Damit war ein großer Teil der Erweiterung des Falkeplatzes verwirklicht. Bis Juli 1913 stellte man den Anschluß zur Nikolaibrücke her, die dann abgetragen und durch eine Eisenbetonüberdeckung erneuert wurde. Im Herbst 1913 waren alle Arbeiten ausgeführt und die Aufgabe zur Vergrößerung des Falkeplatzes erfüllt. Die Falkestraße, die im Ergebnis dieser Arbeiten erst entstand, erhielt am 4. April 1913 ihren Namen. Die Hochwasserkatastrophe des Jahres 1932 hinterließ große Schäden. Trotz des hohen finanziellen Aufwandes, der in

Blick vom Neumarkt in die Friedrich-August-Straße (zwischen 1922 und 1933 Rathenaustraße) um 1935. Diese Straße führte vom Neuen Rathaus zum Johannisplatz in die Königstraße

der Zeit der Weltwirtschaftskrise schwer zu beschaffen war, konnte die Brücke zwischen August 1932 und Juni 1933 durch Notstandsarbeiten erneuert werden.
Bis zur feierlichen Eröffnung des König-Albert-Museums (1909) mußte der kunstinteressierte Bürger in die Südvorstadt wandern, um die vom 1860 gegründeten Verein Kunsthütte errichtete Sammlung zu besuchen. Dieser Kunstverein hatte sich die Aufgabe gestellt: »den Geschmack und Sinn für die bildenden Künste in der Stadt der Arbeit zu fördern und in ihr eine Pflegestätte des Schönen zu schaffen«. Die Initiative dazu ging von dem Buchdruckereibesitzer William Pabst aus. Ihm standen u. a. der Maler Fedor Flinzer; der Architekt und Schöpfer des monumentalen Baus der heutigen Technischen Universität an der Straße der Nationen, Prof. Alwin Gottschaldt, Lehrer der damaligen Königlichen Gewerbschule; der Fotograf Karl Römmler sowie der Bildhauer und Gestalter des ehemaligen Becker-Denkmals, Anton Haendler, zur Seite. Die fortschrittlichen Bildungsgedanken gipfelten in den Gründungsauffassungen, daß »die Industrie der kräftigen Unterstützung der Wissenschaften sowohl wie der Künste, und zwar nicht bloß der technischen, sondern auch der sogenannten schönen, der bildenden Künste nicht mehr entrathen kann«. Als Heimstatt bezog der Verein, nachdem er schon einige Räume gemietet hatte, das ehemalige Lechlasche Haus an der Annaberger Straße 25. Der Verein förderte das Schaffen der Chemnitzer Künstler, wie Karl Schmidt-Rottluff, Martha Schrag, Gustav Schaffer, Emil Mund, Alfred Kunze, Rudolf Pleißner, aber auch Werke der Worpsweder Künstler, von Käthe Kollwitz, Max Klinger und Max Liebermann. Allen voran wirkte der ehemalige Direktor der Städtischen Kunstsammlungen, Friedrich Schreiber-Weigand, von 1911 bis 1933 als Förderer des Vereins der Chemnitzer Kunsthütte. Unter seiner Leitung fanden in diesen Jahren Ausstellungen mit den besten Werken der bildenden Kunst Deutschlands statt. Das Gebäude der Kunsthütte wurde 1945 total zerstört.

Königsplatz (1922 bis 1933 Theaterplatz, 1933 bis 1945 Adolf-Hitler-Platz, ab 1945 wieder Theaterplatz) mit Städtischem Museum (links), Neuem Stadttheater (ab 1925 Opernhaus) und Petrikirche um 1909

Die von Prof. Johannes Schilling zwischen 1860 und 1871 geschaffenen »Figuren der vier Tageszeiten« schmückten von 1872 bis zum Beginn des zwanzigsten Jahrhunderts die Freitreppe der Brühlschen Terrasse in Dresden. Durch Umwelteinflüsse der Elbe zeigten sie bald beachtliche Schäden. Mit der Bebauung des Neustädter Marktes kamen die Originale nach Chemnitz. Von 1918–1928 bildeten die Figuren eine Zierde des Königs-, ab 1922 des Theaterplatzes.

Im neogotischen Stil entstand 1865/1867 das Wohnhaus des bekannten Chemnitzer Unternehmers Johann von Zimmermann in der Nähe des Hauptbahnhofes. Nach seinem Wegzug aus Chemnitz übernahmen Anfang der achtziger Jahre die Direktoren der Zimmermannschen Werkzeugmaschinenfabrik das Haus. Ab 1884 wurde darin das Carola-Hotel eingerichtet, welches man 1890 durch einen anschließenden Hotelbau erweiterte. Die äußere und innere Architektur verfügte über reichen, historisch interessanten Schmuck

Eingang vom Johannisplatz in die Innere Johannisstraße (rechts) und in die Poststraße (links) um 1900. In der Erdgeschoßzone befand sich das Kaufhaus von Herman Lesser

Auf dem Neustädter Markt wurde zwischen 1906 und 1909 das Neue Stadttheater errichtet. Am 1. September 1909 fand mit der Aufführung aus »Wallensteins Lager« und den »Meistersingern« die feierliche Eröffnung statt

Gustav Th. Wehrle, ein beliebter Charakterdarsteller an den Chemnitzer Bühnen

Richard Tauber sen. (1861–1942), Pächter (ab 1912), Intendant (ab 1918) und Generalintendant (1925–1930) der Städtischen Bühnen

Das Central-Theater in der Zwickauer Straße, eröffnet am 6. Dezember 1902, war bis zur Zerstörung im Bombenhagel des Zweiten Weltkrieges die beliebte Varietébühne. Es wurde in prächtigen Jugendstilformen von den Dresdner Architekten Lossow und Viehweger errichtet

Emmy Senff-Thieß. Bekannte und beliebte Chemnitzer Sängerin. Als erste Altistin stand sie über Jahrzehnte auf der Chemnitzer Opernbühne

Toblina Gondy. Sie gehörte in den zwanziger Jahren zu den besten Schauspielerinnen des Chemnitzer Theaters

Conditorei
Kunze

◁ *Die Pferdebahn der Straßenbahngesellschaft um 1892 in der Theaterstraße/Ecke Am Plan. Im Hintergrund der Rote Turm*

Hauptbahnhof von Chemnitz um 1900

Der Eisenbahnverkehr ging zur Jahrhundertwende auf ebener Erde durch die Stadt. Er überquerte mehrere Haupt- und Ausfallstraßen, wie hier die Waisen- und Dresdner Straße. Der im Schritt fahrende Eisenbahnzug wurde von einem Bahnwärter, der mit Glocke und Reglerfahne voranging, über diese verkehrsreiche Stelle (heute: Dresdner Platz) geleitet

◁ *Die Nikolaibrücke. Sie führt von der Zwikkauer Straße über die Chemnitz zur Theater- und Langestraße. Rechts der Mühlgraben, der an der Nikolaibrücke in die Chemnitz floß. Die Überbrückung erfolgte 1912/1913*

Vorplatz am Hauptbahnhof, heute Taxihaltestelle

Beckerplatz mit dem am 7. September 1891 eröffneten Neuen Rathaus (links) und der Börse, ab 1899 Gebäude der Dresdner Bank (heute Posthof 4)

Saxoniabrunnen, geweiht am 9. Juli 1893 an der Westseite des Roßmarktes (heute in der Nähe der Kosmos-Bar). Der Chemnitzer Verschönerungsverein trat viele Jahre für die vom Dresdner Bildhauer Bruno Fischer gestaltete Brunnenanlage ein. Sie verkörperte mit den symbolischen Figuren für Maschinenbau und Textilindustrie den Gewerbefleiß der Bürger dieser Stadt. Im Mai 1941 wurden die Figuren als Metallspende der Stadt Chemnitz im Zweiten Weltkrieg abgebrochen

Der Mosellasaal. In den achtziger Jahren des 19. Jahrhunderts war der Mosellasaal an der Poststraße ein Zentrum für Unterhaltung und Varieté. Wir können annehmen, daß Clemens Seeber als Pionier der Chemnitzer Fotografie 1883 in diesem Saal die ersten Aufnahmen mittels elektrischem Licht fertigte

Synagoge am Stephanplatz. Sie wurde zwischen 1897 und 1899 nach den Plänen des Chemnitzer Architekten Wenzel Bürger erbaut, am 7. März 1899 eingeweiht, in der Pogromnacht vom 9. zum 10. November 1938 in Brand gesteckt und zerstört

Die Nikolaikiche stand bis zum 5. März 1945 an der Stollberger Straße, vis-á-vis von der Stadtsparkasse. Sie wurde zwischen 1885 und 1888 nach den Plänen des Dresdner Architekten Schramm errichtet und am 7. März 1888 feierlich geweiht

Das Chemnitzer Vereinsleben war im 19. Jahrhundert und in der ersten Hälfte des 20. Jahrhunderts ein wichtiger Bestandteil der gesellschaftlichen Kommunikation. In der sächsischen Industriemetropole gehörten der Handwerkerverein und der Industrieverein zu den bedeutendsten und traditionsreichsten Vereinen. 1872 gab es in Chemnitz schon 273 Vereine. Ihre Zahl wuchs bis zum Jahr 1928 auf 2060. Neben Berufs-, Fach-, Beamten- und Standesvereinen nahmen gesellige Vereine, Vereine für Wissenschaft und Kunst, für Sport, Musik und Gesang einen bedeutenden Platz ein. Die meisten dieser Vereine standen auch in einer innigen Verbundenheit zur Heimatstadt. Vor allem der 1863 gegründete Chemnitzer Verschönerungsverein hatte sich das Ziel gesetzt, für die Stadtgestaltung zu wirken. Sein Vorsitzender, Robert Zipper, die Architekten Eduard Hechler und Prof. Alwin Gottschaldt traten in den siebziger und achtziger Jahren des 19. Jahrhunderts für die Errichtung eines monumentalen Brunnens in Chemnitz ein. Schließlich konnten sie er-

Das Haus der 1860 gegründeten Chemnitzer Kunsthütte an der Annenstraße verkörperte um 1900 das städtische Zentrum für die bildende Kunst

Blick vom Johannisplatz zum Roten Turm. Diese Aussicht eröffnete sich dem Betrachter um 1900 nach Abbruch des alten Hotels »Stadt Gotha« an der Ecke Johannisplatz/Zuckergäßchen. Beim Neubau des erstklassigen Hotels wurde auch das Zuckergäßchen, die Straße zwischen Neumarkt und Johannisplatz, erweitert und als Friedrich-August-Straße benannt

reichen, daß im Juli 1893 mit Unterstützung der Königlich Sächsischen Landesregierung auf dem Chemnitzer Roßmarkt der Saxonia-Brunnen geweiht wurde. Dem 1872 gegründeten Verein für Chemnitzer Geschichte ist es durch seine unermüdliche Sammeltätigkeit zu verdanken, daß die Stadt Chemnitz ein repräsentatives stadtgeschichtliches Museum auf dem Schloßberg eröffnen konnte. Ebenso verdienstvoll wirkte der Chemnitzer Kunstverein, der seine Sammlungen bis 1909 im Haus der Kunsthütte an der Annenstraße unterhielt.

Stadtansicht von Chemnitz mit dem Blick über das Schloßviertel, um 1916

Am Schloßteich

Mit der Säkularisation des Benediktinerklosters 1539 vollzog sich die Umwandlung der Gebäude in ein landesherrliches Schloß. Der durch den Abt Heinrich von Schleinitz 1493 angelegte Fischteich diente für die Versorgung des Klosters. Nachdem aber die Mönche das Kloster verlassen hatten, verlor auch diese Teichanlage ihre Bedeutung für die wirtschaftliche Versorgung des Hauses, blieb jedoch über die folgenden Jahrhunderte mit dem nahegelegenen Schloß verbunden. Er stand bis zu seiner Privatisierung im Jahre 1818 unter der Verwaltung des Amtes Chemnitz. Als 1860 der Rittergutsbesitzer Opitz aus dem Vogtland die Schloßmühle und den Schloßteich kaufen und letzteren für landwirtschaftliche Zwecke trockenlegen wollte, bekundete der Bürgermeister Müller das Interesse der Stadt an der »größten Zierde der Umgebung«. Die Stadt, der das Vorkaufsrecht zustand, machte davon Gebrauch und kaufte für 35 000 Taler die

◁ *Vornehme Bürgerhäuser entstanden am Ende des 19. Jahrhunderts auf dem Kaßberg, damals an der Kastanienstraße (heute Heinrich-Beck-Straße)*

◁◁ *Das Haus der Kasino-Gesellschaft mit seinen geschmackvoll eingerichteten Räumen und dem Garten (errichtet 1888) zählte zu den vornehmsten Gebäuden der inneren Stadt. Die 1786 gegründete Casino-Gesellschaft ließ das Haus durch die Architekten Georg Weidenbach und Anton Käppler an der Theaterstraße 4 erbauen*

◁ *Zur Erinnerung an den deutsch-französischen Krieg von 1870/71 weihten die Chemnitzer Stadtväter das fast 10 m hohe mit der Viktoria bekrönte Kriegerdenkmal am 2. September 1875, das 1931 völlig erneuert und wiedergeweiht wurde. Auch dieses Denkmal wurde im Zweiten Weltkrieg zerstört*

Schloßteich und Schloßkirche. Der 1860 von der Stadt erworbene Schloßteich bildete mit dem Schloßberg und Küchwald für viele Chemnitzer eine Stätte der Erholung und Entspannung

Blick vom Turm der Schloßkirche auf den Schloßteich und die Stadt

Das am Schloßberg gelegene Restaurant »Schloß Miramar« war ein beliebtes Ausflugsziel. Für viele Menschen, die alltäglich von früh bis spät in den Fabriken arbeiteten, war es ein Ausflug an die »Chemnitzer Riviera«, wie man liebevoll den Blick vom und zum Gartenrestaurant bezeichnete

Schloßmühle, den Teich und die zwei dazugehörigen Feldgrundstücke. Damit begann aber auch die Verpflichtung der Stadt, für die Ausgestaltung der Parkanlage Sorge zu tragen. Es war viel Arbeit notwendig, um die Anlage zu kultivieren. Über die Jahrhunderte hinweg war der Teich total verschlammt, dadurch sehr flach und mit Schilf bedeckt.

Der 1863 gegründete Verschönerungsverein unterstützte die Stadt in ihren Bemühungen, eine bürgerfreundliche Umwelt zu gestalten. Es war und bleibt für den Stadtrat Robert Zipper das Verdienst, die Grundlagen für die Schloßteichanlagen gelegt zu haben. Zunächst wurde nach seinen Plänen der Promenadenweg an der Südwestseite des Teiches angelegt. Von 1867 bis 1869 entstand nach den Plänen des Dresdner Hofgärtners Poscharsky die Inselanlage.

Es war wiederum im Jahre 1900 eine Bürgerinitiative, die sich zur Erinnerung an das Wirken von Müller und Zipper für die Schaffung einer Brunnenanlage einsetzte. Am 6. Mai 1913 wurde der Müller-Zipper-Brunnen auf der Schloßteichinsel eingeweiht.

Blick von der Bootsanlegestelle des Schloßteiches zum Schloßberg und zur Schloßkirche. Damit Schloßteich und Schloßberg wieder ein Anziehungspunkt für Spaziergänger, Gondellustige und Erholungssuchende werden, müssen Bürger und Stadtväter noch tüchtige Aufbauarbeit leisten

In der Architektur der Umgebung des Schloßteiches nimmt das 1930/1931 errichtete Gebäude der Ortskrankenkasse einen sehenswerten Platz ein. Der Bau dieses Hauses bildete in der Zeit der Wirtschaftskrise, der Betriebsstillegungen und der drastischen Zunahme von Arbeitslosigkeit einen Streitpunkt in den kommunalpolitischen Auseinandersetzungen. Dabei blieb aber weitgehend die Notwendigkeit des Baues dieser Sozialeinrichtung unberücksichtigt. Die Zahl der in der Ortskrankenkasse Versicherten betrug 1903 noch 28 000, 1930 waren es aber schon 121 000 Mitglieder. Hinzu kamen nach 1918 neue Aufgaben, wie die Invaliden- und Unfallversicherung, die ebenfalls von der Ortskrankenkasse gelöst werden mußten. Generell war man jedenfalls bestrebt, daß mit dem Bau des neuen Gebäudes eine Verbesserung bei der Betreuung der Arbeiter und Angestellten einsetzte.

Der Ideenwettbewerb für die Gestaltung des Hauses stand unter der Leitung des Münchner Professors Dr. Bestelmaier. Als erster Preisträger ging der Chemnitzer Architekt Curt am Ende aus der Ausschreibung hervor. Nach seinen Plänen wurde die Sozialeinrichtung, in der die Ortskrankenkasse und das Röntgeninstitut untergebracht waren, gebaut. Das Haus selbst errichtete man aus Eisenbeton und mit Hohlsteinen an der Außenwand. Zugleich erhielt die Fassade eine Verkleidung mit Porphyrtuff. Als eines der ersten Gebäude der Stadt wurde es aus dem nahegelegenen Elektrizitätswerk mit Fernwärme versorgt. Angesichts der immer schlechter werdenden wirtschaftlichen Situation war man froh, daß die Investitionen in Höhe von 3,246 Mill. Mark durch Chemnitzer Betriebe in den Bau flossen. Als am 16. Dezember 1931 die Ortskrankenkasse ihrer Bestimmung übergeben wurde, konnte die Stadt Chemnitz mit Recht auf eine erfolgreiche sozialpolitische Leistung verweisen.

Der 1913 im Schloßteichpark geweihte Müller-Zipper-Brunnen

Die Schloßteichpromenade nach der Unwetterkatastrophe vom 27. Mai 1916

Alte Häuser am Fischweg

Schloßkirche um 1900. Das prächtige Nordportal ist hier noch deutlich in der Mitte des Schiffes erkennbar

Stadtrat Carl Robert Zipper (1814–1884). Zur Erinnerung an sein kulturförderndes Wirken, seine Bemühungen zur Verschönerung der Stadt widmete diese ihm einen am 13. Mai 1883 geweihten Brunnen. Auch der im Schloßteichgelände befindliche Müller-Zipper-Brunnen bezeugt seinen Einsatz für die Gestaltung der Schloßteichanlagen

Blick vom Turm der Schloßkirche auf das Gebäude der Sozialversicherungskasse (1930 fertiggestellt) und auf das ehemalige Elektrizätswerk

Kommunale Einrichtungen

Die Stadterweiterung im 19. Jahrhundert stellte hohe Ansprüche an den Bau von staatlichen und städtischen Einrichtungen. Die sozialen und gesundheitlichen Verhältnisse in der Stadt erforderten, daß man nach 1830 einzelne Bereiche mit besonderer Aufmerksamkeit förderte.

Gleichzeitig ging es um eine systematische Armenunterstützung, die Errichtung eines Krankenhauses wie auch einer Einrichtung für elternlose Kinder. Das Waisenhaus, welches zunächst in der Waisenstraße 1833 errichtet wurde, mußte 1836 schon als Krankenhaus dienen. Deshalb hat man später zwischen Dresdner Straße und Zeisigwald, weitab vom Stadtzentrum, sozusagen auf dem Lande, »in gesunder, waldumgebener Lage ein neues Gebäude errichtet«. In den fünfziger und sechziger Jahren kamen das Johanneum auf dem Hüttenberge (26. 8. 1856), die Kleinkinderbewahranstalt (16. 10. 1866) sowie das Hospital St. Georg (1865), ein Heim für alte, ehrbare Personen beiderlei Geschlechts, hinzu. Offensichtlich war die Betreuung von Kleinkindern in Chemnitz, wo die Eltern zu einem großen Teil in Arbeit standen, eine wichtige Aufgabe; denn 1910 gab es in den verschiedenen Stadtteilen von Chemnitz sieben Kleinkinderbewahranstalten, in denen täglich 759 Kinder im Alter zwischen 2 und 6 Jahren untergebracht waren. Sie wurden in diesen Anstalten für 12 Pfennige pro Tag von 7.00 bis 19.00 Uhr beaufsichtigt, verpflegt und zu Spiel und Selbstbetätigung angeregt.

Dringend wurden in dieser Zeit öffentliche Einrichtungen für die Kommunikation der Bürger. Wenn man noch bis in die dreißiger Jahre des 19. Jahrhunderts die Post mit der bekannten Postkutsche transportierte, so gab es mit dem aufkommenden Eisenbahnverkehr neue Möglichkeiten für den Versand und Empfang von Briefen und Paketen. Neben dem einstigen Chemnitzer Tor (heute Verkaufsstelle Stadttor) öffnete am 1. Dezember 1859 die damalige Hauptpost ihr Gebäude. Wie schon die Bürgerschule, die Stadtbibliothek und das Stadttheater auf dem zugeschütteten Stadtgraben erbaut worden waren, nahm nun auch das Hauptpostamt auf der eingeebneten Fläche seinen Platz ein. Die Zahl der eingegangenen Briefe, Karten, Drucksachen und Warenproben stieg von zwei Millionen im Jahre 1872 auf knapp 15 Millionen im Jahre 1889. Dieser enorme Zuwachs des Postverkehrs und die Eröffnung des Fernsprechverkehrs am 9. Mai 1883 mit 2135 Anschlüssen machten den Aus- und Anbau erforderlich. Zur Jahrhundertwende entstanden auf der Poststraße in Verbindung zur Langestraße (auf dem Grundstück des ehemaligen Gasthauses »Zu den drei Schwanen«) große Erweiterungsbauten.

Am 25. Mai 1854 ging auch an der Zwikkauer Straße die erste Gasanstalt in Be-

Das Hauptpostamt der Stadt Chemnitz wurde 1859 an der Poststraße eröffnet. Im Zweiten Weltkrieg stark zerstört, heute sind nur noch einzelne Gebäudeteile in Nähe der Zentralhaltestelle zu sehen

An der Wilhelmstraße (heute Straße der Nationen) errichtete 1874 die »Allgemeine Gasbeleuchtungs- und Gasheizungs-Gesellschaft« mit Sitz in Brüssel die zweite Chemnitzer Gasanstalt. Die Stadt erwarb 1879 die Gasanstalten an der Zwickauer- und an der Wilhelmstraße. Sie ließ diese aufgrund des ständig wachsenden Bedarfs noch bedeutend erweitern

1893/1894 ließ die Stadt von der Berliner Firma Siemens & Halske das erste städtische Elektrizitätswerk in der Nähe des Schloßteiches erbauen

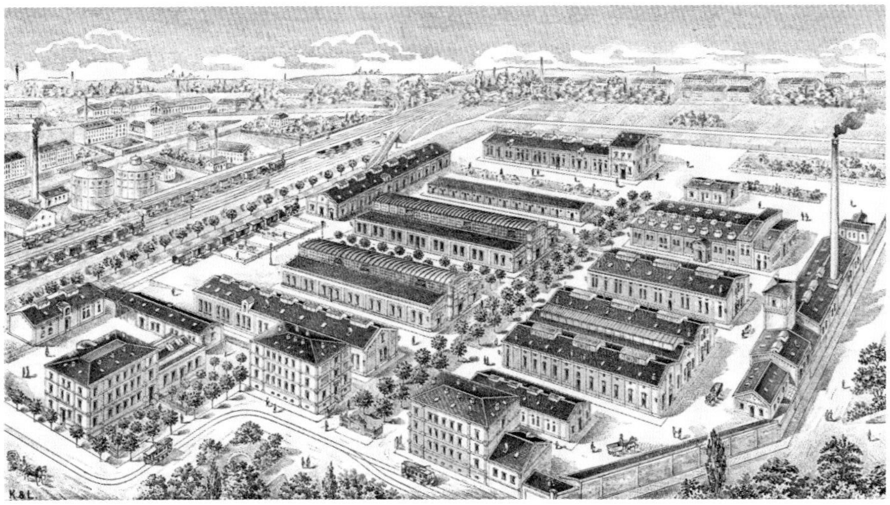

Der Schlacht- und Viehhof wurde nach den Entwürfen des Stadtbaurates Eduard Hechler auf dem fast 6 ha großen Areal am Wettiner Platz 1882/1883 erbaut und am 4. Dezember 1883 feierlich eröffnet. Die Anlage war so großzügig gestaltet, daß sie für mehrere Jahrzehnte den Anforderungen der Industriegroßstadt gerecht wurde

Mit der Eröffnung der Chemnitzer Straßenbahn am 22. April 1880 durch Pferdebetrieb begann ein neuer Abschnitt im Alltag der sich zur Großstadt entfaltenden sächsischen Industriemetropole. Für die seit 1893/1894 elektrisch betriebene Straßenbahn wurde das Depot in Kappel erweitert und umgebaut

trieb. Damit konnte der Bedarf von 6000 Flammen für Beleuchtungszwecke von Straßen, Betrieben und Wohnungen gesichert werden. Das reichte natürlich nicht aus, um die Bedürfnisse auch nur zu einem Teil zu befriedigen. Deshalb entstand schon 1874 eine zweite, viel größere Gasanstalt an der Wilhelmstraße, die später noch erweitert wurde.

Weitere Einrichtungen, die zur Versorgung der Menschen, der Wohnungen und Betriebe mit Energie beitrugen, waren späterhin das städtische Elektrizitätswerk (1894) und das Straßenbahndepot in Kappel, welches mit der Eröffnung der elektrisch betriebenen Bahn 1893/1894 eine wesentliche Erweiterung erfuhr. Eigens für die Unterhaltung der Straßenbahn wurde an der Aue ein Kraftwerk errichtet. 1910 betrug die Gleislänge der elektrischen Straßenbahn von Chemnitz 76 478 Meter. In diesem Jahr fuhren 25 114 315 Personen mit der Straßenbahn.

Die Talsperre in Einsiedel wurde nach den Plänen des Stadtbaurates Hechler von 1890 bis 1893 erbaut. Die Markthalle, 1891 eröffnet, diente dem sich ständig entwikkelnden Marktwesen. Der alte Chemnitzer Schlacht- und Viehhof befand sich mehrere Jahrhunderte hindurch am Nikolaigraben. Die Chemnitzer Fleischerinnung versuchte seit 1857, ein neues Gebäude zu errichten. Das gelang ihr aber erst zu Beginn der achtziger Jahre. Die Stadt hatte für den neuen Schlacht- und Viehhof ein fast 6 ha großes Areal am Wettiner Platz zur Verfügung gestellt. Vom Stadtbaurat Eduard Hechler, der sich um so viele Bauten schon Verdienste erworben hatte, stammten die Baupläne. In dem Jahr, in dem Chemnitz Großstadt wurde, fand am 4. Dezember 1883 die feierliche Eröffnung des Schlacht- und Viehhofes statt. Es war eine großzügig gestaltete Anlage, die wie folgt beschrieben wurde: »Rechts und links von den Eingängen liegen die beiden Verwaltungsgebäude, in denen außer den Geschäftsräumen der Schlacht- und Viehhofsverwaltung eine Königliche Schlachtsteuereinnahme, eine Königliche Eisenbahnexpedition und eine Anzahl Dienstwohnungen untergebracht sind. An die Verwaltungsgebäude reihen sich nach hinten zu rechts auf der Schlachthofseite der Hungerstall, drei in einem Komplex zusammengefaßte Schlachthallen für 250 Stück Groß- und 500 Stück Kleinvieh, eine Schweineschlachthalle für 600 Stück, das mit 814 Zellen versehene Kühlhaus und ein kleineres Gebäude für die Darmwäsche an. Rechts seitwärts davon stehen die Kutteleien, das Kessel- und Maschinenhaus und die auf einer abgesonderten Straße zugängliche Pferdeschlachterei. Auf derselben Seite, vor den Kutteleien und zwischen diesen und dem Kesselhaus, ist das Wasserwerk des Schlachthofes angelegt, der aber für besondere Bedarfsfälle auch noch an die städtische Wasserleitung angeschlossen ist. Links vom Haupteingang liegen hinter dem zugehörigen Verwaltungsgebäude die den Viehhof bildenden Baulichkeiten, ein Stallgebäude für 198 Stück Großvieh, die beiden durch eine Baumallee getrennten Markthallen zum Ausstellen von 400 Stück Großvieh, 1000 Stück Schweinen und 600 Stück Kleinvieh, ferner ein Schafstallgebäude, ein ebensolches für 500 Schweine und 102 Rinder und dahinter die neuerrichtete Sanitätsanstalt des Schlacht- und Viehhofes. Links seitwärts davon steht noch ein Stallgebäude für 800 Stück Schweine, an das sich nach vorn zu die Laderampe der Zweiggleisanlage anschließt, durch die der Schlachthof mit der Königlichen Staatseisenbahn verbunden ist. Links davon endlich, nach dem Wettinerplatz und der Wettinerstraße hinausgerückt, liegt der stattliche, zu den Gesamtanlagen gehörige Gasthof, das ›Hotel Central-Schlachthof‹, in dem auch die Contore der Chemnitzer Viehmarktsbank und größere Viehhandlungen untergebracht sind.«

Im ersten Jahrzehnt des 20. Jahrhunderts entstanden zur Pflege der Volkshygiene Städtische Brausebäder am Friedrichplatz (1900), an der Oststraße (1903) und an der Freigutstraße (1909)

Im 19. Jahrhundert wurde das städtische Waisenhaus am Zeisigwald, zwischen Forst- und Dresdner Straße, im freien Gelände errichtet sowie ständig erweitert und ausgebaut

Das städtische Kinderversorghaus (Kinderheim) schuf die Stadtverwaltung 1875 in Nähe der Vorortgemeinde Bernsdorf. 1880 und 1883 entstanden hier Neubauten. Durch die bedeutende Erweiterung konnten 1909 in diesem Heim 270 Kinder untergebracht werden

Die Staatliche Frauenklinik in Chemnitz/Altendorf war in den zwanziger Jahren die drittgrößte geburtshilfliche Klinik in Deutschland. 1928, zehn Jahre nach ihrer Eröffnung im April 1918, wurden 3111 Geburten registriert. Zur Frauenklinik gehörten auch ein Säuglings- und Mütterheim

Johann von Zimmermann, der mit seiner Werkzeugmaschinenfabrik Weltruf erlangte, schuf durch eine beachtliche Stiftung die nach seinem Namen benannte Naturheilanstalt zwischen Stadtpark und Stollberger Straße. Die Einweihung erfolgte am 7. Oktober 1886

Der Stadtpark im Süden der Stadt wurde in einer Ausdehnung von 3,5 km auf Veranlassung des Spinnereibesitzers und Stadtrates Ernst Otto Clauß seit 1886, besonders zwischen 1909 und 1914, am Chemnitzfluß entlang angelegt. Nach C. R. Zipper erwarb sich Stadtgartenbaudirektor Otto Werner, dem der »Werner-Garten« im Stadtpark gewidmet ist, große Verdienste um die Gestaltung der Anlagen

Chemnitzer Bildungsstätten

Mehrere Jahrhunderte wurde die Schulbildung in Chemnitz durch die Lateinschule, auch Lyzeum genannt, geprägt. Das Schulhaus, dessen Pforte 1911 Richard Möbius in den Westgiebel des Alten Rathauses einfügte, gehörte zu dem mittelalterlichen Bauensemble von Jakobikirche und Rathaus. Beim Bau des Neuen Rathauses wurde es als Städtisches Leihhaus 1907 mit der Feuerwache und anderen Gebäuden am Neumarkt und Jakobikirchplatz abgebrochen. Wenn uns aus der Geschichte dieser ehrwürdigen Bildungsstätte auch nicht viel bekannt ist, so gilt es doch als sicher, daß von 1485 bis 1487 der bedeutende Humanist Paulus Niavis (Paul Schneevogel) an ihr lehrte. Wir können auch zu Recht annehmen, daß 1486 die Schule aus Stein gebaut wurde. Die Chemnitzer Gelehrtenschule, wie man sie auch nannte, ließ sich ebenbürtig mit den Lateinschulen in Zwickau und Freiberg vergleichen. Zwischen 1545 und 1550 gab Adam Siber, ein Freund von Georgius Agricola und Georgius Fabricius, der Schule eine neue Ordnung. Damit trug die Schulbildung im starken Maße den reformatorischen Erfordernissen Rechnung. Siber, der mit der Eröffnung der dritten Landesschule am 1. September 1550 in Grimma (vorher in Meißen und Schulpforta) deren Leitung übernahm, trug in der zweiten Hälfte des 16. Jahrhunderts wesentlich zur inhaltlichen Ausprägung des sächsischen Schulwesens bei. Bis ins 19. Jahrhundert hinterließ die Reformation ihre Wirkungen auf die Chemnitzer Lateinschule. Mit den grundlegenden Veränderungen, die im Ergebnis der industriellen Umwälzungen zu Beginn des 19. Jahrhunderts stattfanden, konnte die alte Gelehrtenschule nicht mehr Schritt halten. In Chemnitz regten sich schon 1801 Stimmen, die eine Veränderung im städtischen Schulwesen forderten. Neben der Mädchenschule, die seit dem 16. Jahrhundert existierte, hatten sich einige sogenannte Winkelschulen und Fabrikschulen herausgebildet. Wie in anderen Orten schon durchgesetzt, strebte man eine Reform der Lateinschule an. In dem Neujahrsgruß 1826 brachte der fortschrittliche Advokat Moritz August Richter den Wunsch zum Ausdruck, eine zeitgemäße und zweckmäßige Bürgerschule zu schaffen. Damit brachte er eine Bürgerinitiative in Bewegung, die sich nachdrücklich für den Aufbau einer Bürgerschule einsetzte. Allerdings vergingen noch einige Jahre, bis es am 15. August 1831 zur festlichen Einweihung der Bürgerschule auf dem zugeschütteten Stadtgraben (später an der Theaterstraße) kam. Den Plan und die Ausführung für den Schulhausbau übernahm der Architekt und Stadtbaumeister Johann Traugott Heinig. Für den Posten des Schuldirektors fiel die Wahl auf den erfahrenen und bewährten Bautzener Seminardirektor Traugott Pomsel. Dieser hatte schon 1826 in Kamenz die Bürgerschule eingerichtet. Für etwa 3000 Mädchen und Jungen begann am 17. August

Am 1. September 1848 wurde das Schulgebäude an der Dresdner Straße 7 als neues Gewerbschulgebäude eingeweiht. Das Schulhaus diente bis zur Zerstörung 1945 mehreren Bildungszwecken. Nachdem die Königl. Gewerbschule ihr neues Gebäude am Schillerplatz 1877 bezogen hatte, übernahm die höhere Knabenschule das Haus an der Dresdner Straße. In den zwanziger Jahren waren darin die I. Mädchenberufsschule, das Städtische Seminar für soziale Frauenberufe und das Städtische Seminar für Kindergärtnerinnen und Hortnerinnen sowie ein städtischer Kindergarten untergebracht

1831 in 22 Räumen, die sehr hell waren und mit erwärmter Luft beheizt wurden, der Unterricht. Die Kinder wurden von 29 Lehrern in den Elementarfächern Religion, Lesen, Schreiben, Rechnen und Gesang unterrichtet. Sie erhielten aber auch in Geschichte, Geographie, Mathematik mit Geometrie, Naturkunde, Zeichnen eine elementare Ausbildung. Die Schule war

Die im Neorenaissancestil errichtete Städtische Realschule (später Oberrealschule) an der Wielandstraße öffnete ihre Türen am 9. Oktober 1893

in drei Abteilungen, eine höhere, eine mittlere und eine niedere, gegliedert. Daneben existierten weiterhin die Fabrik- und Abendschulen.

Mit der Gründung der Königlichen Gewerbschule, die am 2. Mai 1836 in dem Gebäude der ehemaligen Lateinschule erfolgte, begann in Chemnitz die höhere Ausbildung in den technischen Disziplinen. Ihr galt zunächst die Aufmerksamkeit der Königlichen Landesregierung. Dazu kam, daß der stürmische Aufschwung der Industrie viele ausgebildete Fachkräfte forderte. Die vom Handwerkerverein dafür eingerichtete Sonntagsschule konnte wohl dazu beitragen, aber diese Aufgabe nicht erfüllen. Für die Königliche Gewerbschule baute man ein neues Schulhaus an der Dresdner Straße, das am 1. September 1848 bezogen wurde.

Allerdings machte sich im Verlauf dieser Jahre nachteilig bemerkbar, daß in Chem-

Das Städtische Realgymnasium an der Reitbahnstraße entstand nach den Plänen des Dresdner Architekten Professor Heyn. Es wurde am 25. Oktober 1869 festlich eröffnet

Das ehemalige Königl. Gymnasium, spätere Staatsgymnasium an der Hohen Straße, nach den Plänen des Bezirksbaumeisters Nauck, konnte am 14. Oktober 1872 eröffnet werden

nitz eine höhere Schule, in der die naturwissenschaftliche Ausbildung im Vordergrund stand, fehlte. Erst am 13. Oktober 1857 wurde die städtische Realschule an der Poststraße eröffnet. Aber schon nach wenigen Jahren erwies sich dieses Gebäude als zu klein. Hinzu kam aber auch nachhaltig aus dem Bürgertum die Forderung »... den humanistischen Studien in einer Stadt, in welcher vorwiegend industrielle und gewerbliche Interessen vertreten seien, einen größeren Spielraum zu eröffnen«.
An diese damals noch junge Realschule kam der später bedeutende Pädagoge

An der Ecke Annen-/Brauhausstraße, in unmittelbarer Nähe zum Städtischen Realgymnasium und zur Höheren Webschule an der Logenstraße, befand sich die Städtische Höhere Mädchenbildungsanstalt

Friedrich Dittes 1860 als Subrektor. Mit großer Ausstrahlungskraft wirkte dieser hochgebildete Schulreformer bis 1865 in Chemnitz. Er war von 1862 bis 1865 Vorsitzender des Chemnitzer Pädagogischen Vereins, den L. T. Pomsel 1831 begründet hatte. In dieser Eigenschaft war er Vorsitzender der XII. allgemeinen sächsischen Lehrerversammlung, die vom 2. bis 4. Oktober 1864 mit etwa 1700 Lehrern in Chemnitz tagte. Das von ihm gehaltene Hauptreferat trug später wesentlich dazu bei, die Sächsische Schulreform der siebziger Jahre durchzusetzen. Als man F. Dittes, der einer Berufung nach Gotha folgte, im April 1865 verabschiedete, sprach man von einem »empfindlichen Verlust« für die Anstalt. Im Jahresbericht der Realschule stand: »Er hat an der gedeihlichen Entwicklung der Schule wesentlichen Anteil genommen und durch anregenden Unterricht, Förderung eines wissenschaftlichen Sinnes und herzliche Liebe zu seinen Schülern sich ein bleibendes Anrecht auf unsere Dankbarkeit erworben.«

Mit der gewaltigen Bevölkerungszunahme zu Beginn des 20. Jahrhunderts wuchs das Bedürfnis nach dem Ausbau des Volksschul- und des Höheren Schulwesens. Ab 1909 entstand die neue Höhere Mädchenbildungsanstalt an der Reichsstraße

Nach den Plänen des bedeutenden Chemnitzer Architekten und Lehrers Prof. Alwin Gottschaldt öffnete das neue Gebäude der Königl. Gewerbeschule am 16. Oktober 1877 an der damaligen Schillerstraße (heute: Eduard-Theodor-Böttcher-Bau an der Straße der Nationen) die Türen

In diesem Prozeß entstanden das städtische Realgymnasium an der Reitbahnstraße, welches am 25. Oktober 1869 mit 414 Schülern unter der Leitung des Direktors Prof. Carl August Caspari eingeweiht wurde, sowie das Königliche Gymnasium an der Hohen Straße, welches am 14. Oktober 1872 in feierlicher Form für 152 Schüler die Tore öffnete.

In all diesen Jahren war aber noch die Fabrikschule für viele Kinder die einzige Möglichkeit, einen Elementarunterricht zu erhalten. Bemerkenswert ist dafür die Fabrikschule des Herrn Kaufmann Mitländer am oberen Ende des Dorfes Altchemnitz. Für diese Schule bewarb sich im November 1861 der Hilfslehrer Karl May um eine Anstellung, die er auch kurzfristig erhielt. Am Dienstag, dem 10. Dezember 1861, wurde sein Unterricht nachmittags, 4 Uhr, hospitiert. In dem Bericht dazu hieß es: »Der noch sehr junge Lehrer hat kein übles Lehrgeschick, aber ist noch sehr haltlos. Die Disciplin ist nicht energisch genug; in der Religionsstunde sitzen die Kinder schlecht und zeigen kaum genug Aufmerksamkeit.« Wie vorher in Glauchau, so dauerte auch in Altchemnitz seine Lehrtätigkeit nur kurze Zeit. Karl May hatte bei seiner Heimfahrt zu Weihnachten seinem Zimmergenossen eine Taschenuhr, eine Tabakspfeife und eine Zigarrenspitze entwendet. Das war Grund genug, um Karl May nach Chemnitz ins Amtsgericht einzuliefern, mit 6 Wochen Gefängnis zu bestrafen und vom Schuldienst endgültig zu entlassen.

In den siebziger Jahren folgten weitere Veränderungen im Volksschulwesen. Bei fast 75 000 Einwohnern und etwa 11 000 schulpflichtigen Kindern war der Bau von sogenannten Bezirksschulen besonders wichtig. Bis 1914 errichtete man in Chemnitz (ohne Vorortgemeinden) insgesamt 16 Volksschulen, die nochmals in Knaben- und Mädchenschulen unterteilt waren. Daß man dabei auch ästhetische Grundsätze beachtete, beweisen die Bauten der André- und Bernsdorfer Schulen. Die letztere wurde nach den Plänen von Zapp und Basarke errichtet. Sie zeichnet sich durch eine schöne Architektur und einen sehenswerten Schmuck mit Figuren aus der Märchenwelt an den Eingangspforten aus. Bei der Eröffnung am 25. April 1910 wurden 2200 Kinder von 47 Lehrkräften in 44 Lehrräumen unterrichtet.

Chemnitzer Rathäuser

In der über 800jährigen Geschichte kann die Stadt Chemnitz auf vier Rathäuser zurückblicken. Noch heute sind das erste, das Alte Rathaus – allerdings nach mehrfachen Bränden, Umbauten und Wiederaufbau nach 1945 – sowie das jüngste, das vor 80 Jahren eingeweihte Neue Rathaus, im Stadtbild erhalten. Dagegen fielen die beiden anderen Rathäuser, die am 16. Juni 1879 und am 7. September 1891 an der Poststraße geweiht wurden, dem Bombenhagel des Jahres 1945 zum Opfer.

Am Beckerplatz öffnete am 7. September 1891 das im Neorenaissancestil errichtete Neue Rathaus die Türen. Chemnitz zählte 1890 138 954 Einwohner

Das Alte Rathaus

Aus einer Urkunde des Jahres 1298 geht hervor, daß die Stadt von einem Ratskollegium und einem Bürgermeister an der Spitze geleitet wurde. In dem Ringen der Bürger für ihre städtischen Freiheiten und Privilegien nahm die Herausbildung der kommunalen Selbstverwaltung einen wichtigen Platz ein. Wir können deshalb auch mit Recht annehmen, daß es seit dem Ausgang des 13. Jahrhunderts ein Rathaus gab, das allerdings wie die anderen Gebäude auch ein Holzbau war. Paulus Niavis (Paul Schneevogel), Rektor der Chemnitzer Lateinschule in den Jahren von 1486 bis 1488, beschrieb seinerzeit das Rathaus, das in vielfältiger Weise den Interessen der Bürger diente. Es bildete gemeinsam mit der Jakobikirche, der Lateinschule und dem Gewandhaus den Mittelpunkt des städtischen Lebens. Das Erdgeschoß des Rathauses beherbergte die Brot- und Fleischbänke. Unter den sogenannten Lauben fand ein reger Handel statt. Nach der Klostergasse befand sich ein Anbau mit dem Ratsweinkeller, und auf der hinteren Seite zur Jakobikirche lag die Garküche. Im Obergeschoß waren der Ratssitzungssaal und das Stadtgericht untergebracht. Im Rat verhandelten Bürgermeister und Ratsherren u. a. über die Leistungen der Innungen, die Arbeit auf den Bleichen, die Errichtung kommunaler Bauten, die Nutzung des städtischen Bodens und des Waldes, die Wasserversorgung, den Schutz der Bürger vor Feuer, die Abhaltung der Märkte. Die schriftliche Überlieferung zur Geschichte der Stadt berichtet, daß man 1498 das erste als Steinbau errichtete Rathaus auf dem Boden zwischen Hauptmarkt und Jakobikirche eingeweiht hatte. Der Hohe Turm, von dem der Türmer Ausschau hielt und drohende Gefahren meldete, sowie der Rathausturm mit Uhr gehörten zu den schönen und besten Leistungen der mittelalterlichen Stadtarchitektur. Als Bürgermeister wirkte 1546, 1547, 1551 und 1553 in diesem Rathaus Georgius Agricola, ein hervorragender sächsischer Humanist und der Begründer der Montanwissenschaften. Er trat mit viel Geschick für die Belange der Stadt und ihrer Bürger ein. Auch andere bedeutende Chemnitzer Unternehmer und Handelsleute, wie die Neefes, Schützes und Arnolds, setzten sich als Bürgermeister oder Ratsherren viele Jahre für die städtischen Belange ein. Große Belastungen gab es bei Feuersbrünsten und in Kriegszeiten. Bei den Stadtbränden am 5. November 1617 und am 12. Juni 1631 wurde das Rathaus zerstört. Der Bürgerfleiß ließ es immer wieder schnell und neu erstehen. Dabei kam es auch zu mancherlei Veränderungen, die zum Teil heute auf der Grundlage der im Stadtarchiv überlieferten Quellen noch nachgezeichnet werden können. So war die Eröffnung der Stadtsparkasse am 1. Juli 1839 im Rathaus mit einem Umbau im Inneren des Hauses verbunden. 1882/1883 brach man den äußeren Aufgang an der Westseite des Rathausturmes ab und ersetzte diesen durch ein Treppenhaus im Inneren. Ebenfalls wurde der Anbau zur Klosterstraße beseitigt. Das Judith-Lukretia-Portal, ein bedeutendes Renaissancekunstwerk aus dem Jahre 1559, welches das Patrizierhaus der Neefes am Markt schmückte, fügte man 1908 westlich am Rathausturm ein. Beim Luftangriff am 5. März 1945 brannte das Alte Rathaus völlig aus. Zwischen 1946 und 1950 entstand das Alte Rathaus erneut. Um es architektonisch besser an das Neue Rathaus anzufügen und auch aus Gründen der Raumnot, führte man diesen Neubau nunmehr dreistöckig aus. Die Fassade und die Rathausstube (Agricolasaal) wurden nach dem ursprünglichen Vorbild errichtet.

Hauptmarkt um 1911

Neumarkt um 1900

Eine vollkommene Erneuerung der Jakobikirche erfolgte 1877 bis 1880. Dabei wurde der Westgiebel an der Inneren Klosterstraße im gotischen Stil reich verziert. Der Bildhauer Haendler gestaltete die Apostel Paulus, Petrus, Johannes und Jakobus, die auf den vorgesetzten Pfeilern standen und beim Umbau 1910 bis 1912 in die Nischen am Ostchor eingefügt wurden

Rathausweihen 1879 und 1891

Mit der stürmischen industriellen Entwicklung des sächsischen Manchester zwischen 1850 und 1914 verbanden sich ständig wachsende Anforderungen an die städtische Verwaltung. Die Einwohnerzahl stieg in diesem Zeitraum von etwa 32 000 auf 320 000. Bereits 1870 erwog der Rat der Stadt, noch ein neues Rathaus zu beziehen. Es sollte aber noch bis 1879 dauern, bis die Überlegung, das 1857 errichtete Schulgebäude der Höheren Bürger- und städtischen Realschule an der Poststraße 51 als Rathaus zu nutzen, verwirklicht werden konnte. Die Realschule (später Realgymnasium) konnte zwar schon 1869 das neue Schulhaus an der Reitbahnstraße beziehen, aber die Höhere Bürgerschule war noch unterzubringen. Mit der Eröffnung des neuen Gebäudes für die Königlich Höhere Gewerbeschule (heute Hauptgebäude der Technischen Universität an der Straße der Nationen) im Jahre 1877 war die Voraussetzung für den Umzug der Höheren Bürgerschule in das ehemalige Gebäude an der Dresdner Straße gegeben. Nach der Rekonstruktion wurde schließlich am 16. Juni 1879 das »Neue Rathaus« an der Poststraße (Bild links) eingeweiht. Nach wenigen Jahren zeigte sich, daß die Räumlichkeiten des Hauses abermals nicht ausreichend waren. Die kommunalen Belange hatten sprunghaft neue Dimensionen angenommen. Das kam u. a. in folgenden Prozessen zum Ausdruck: 1879 erwarb die Stadt die bisher privat betriebenen Gasanstalten. 1880 eröffnete die Pferde-Straßenbahn ihren Betrieb. In diesem Jahr erfolgte die Eingemeindung von Schloßchemnitz. Am 4. Dezember 1883 wurde der Schlacht- und Viehhof feierlich eingeweiht. Wiederum sollte es kein Neubau sein, man versuchte eine Lösung mit einem Anbau zu finden. Dazu war es jedoch erforderlich, den als Polizeihauptwache benutzten Stadtturm, die dazugehörige Fronfeste sowie das an der Langestraße gelegene ehemalige Strumpfwirkerhaus 1889 abzubrechen. Der neue Rathausanbau entstand dann bis 1891 unter der Leitung von Stadtbaurat Eduard Hechler. Am 7. September 1897 wurde das »Neue Rathaus« – nun am Beckerplatz – seiner Bestimmung übergeben. Der Renaissancebau mit dem davorliegenden Beckerplatz bildete am Ausgang des 19. Jahrhunderts eine Zierde der Stadt. Von der aus Sandstein errichteten Hauptfassade hob sich ein kräftiger Mittelbau mit reich gegliedertem Giebel und Turm ab. Der Platz war bereits am 2. September 1871 mit dem Denkmal von Christian Gottfried Becker (1771–1820), gestaltet vom Bildhauer Haendler, geweiht worden. Mit C. G. Becker ehrte die Stadt einen damals sehr bekannten Mitbegründer der Chemnitzer Industrie.

Baustelle Neues Rathaus

Das Neue Rathaus

Zwischen 1907 und 1911 entstand nach den Plänen des Stadtbaurates Richard Möbius in sinnvoller Verbindung mit dem Alten das Neue Rathaus. Das Zentrum war in dieser Zeit ein riesiger Bauplatz. Das alte Leihhaus und die städtische Feuerwache wurden geschleift. Sie erhielten in der Aue und in der Schadestraße ihr neues Heim. Für die Beräumung des Bauplatzes und die Abfuhr der Erdmassen von den Ausschachtungsarbeiten waren 7500 Pferdefuhren erforderlich. Hätte man die Baumaterialien – wie Eisen, Kalk und Zement – alle mit einem Güterzug transportiert, dann wäre dieser insgesamt 5500 Meter lang gewesen. Für das Baugerüst mußten 24 965 laufende Meter Holz bereitgestellt werden. Am 2. September 1911 erfolgte die feierliche Eröffnung des Rathauses. Am Abend des 1. September gaben Musikanten mit einem Turmblasen den Auftakt. Von Sonnabend, dem 2. September, bis Montag, den 4. September, fanden

Das Neue Rathaus entsteht an der Neumarktseite, links im Bild überragt der Rote Turm die Dächer der Stadt

Eingang zum Ratskeller über den Jakobikirchhof

Platzkonzerte an den größten Plätzen der Stadt und Volksfeste auf dem Schützenplatz in Altendorf statt. Die Stadt hatte ein Festkleid angelegt. Besonders die innere Stadt, die Häuser am Haupt- und Neumarkt, waren festlich geschmückt. Hunderte Bürger übergaben aus diesem Anlaß der Stadt Geschenke von bleibendem Wert. So spendete der Pädagogische Verein die reichverzierte, 1,25 m im Durchmesser große Normaluhr über dem repräsentativen Wandbrunnen in der Eingangshalle, und die Chemnitzer Zeitungen »Chemnitzer Tageblatt«, »Allgemeine Zeitung« und »Neueste Nachrichten« übergaben die vier von Ch. Palmié geschaffenen

Die alte Chemnitzer Lateinschule, von 1836 bis 1848 Königliche Gewerbschule, später noch Städtisches Leihhaus. Das ehrwürdige Gebäude wurde beim Rathausneubau 1907 abgerissen. Das Renaissanceportal gegen Ende des 15. Jahrhunderts wurde in den Westflügel des Neuen Rathauses eingebaut

Das Judith-Lukretia-Portal wurde beim Umbau des Alten Rathauses zwischen 1907 und 1911 in die neugeschaffene Vorhalle am Rathausturm eingefügt. Es schmückte vorher das Patrizierhaus der Neefes. Das Renaissancekunstwerk stammt aus dem Jahre 1559

Gemälde (Rochsburg, Schloß Lichtenwalde, Schloß Wildeck in Zschopau und Augustusburg) für den grünen Salon. Zu den Kunstwerken von europäischem Rang gehört das Monumentalgemälde »Arbeit – Wohlstand – Schönheit« von Max Klinger, das aber erst nach siebenjähriger Arbeit – im Jahre 1918 – im Stadtverordnetensaal seinen Platz fand. Dieses wunderschöne Gemälde war das Geschenk von Kommerzienrat Hermann Wilhelm Vogel, einem Ehrenbürger von Chemnitz. Vor dem Neuen Rathaus brachten Künstler und Bürger das vom Chemnitzer Dichter Anton Ohorn eigens für diesen Tag verfaßte historische Festspiel „Die Rathausweihe 1498“ zur Aufführung. Dem schloß sich ein Festzug, den etwa 500 Teilnehmer in 27 Bildern mit historischen Themen der

Ratssitzungssaal

Der Stadtverordnetensaal im Neuen Rathaus im Jahre 1911. Bei der Einweihung fehlt noch das monumentale Wandgemälde von Max Klinger, das seit März 1918 den Saal schmückt

Ratskeller-Marktseite

Stadtentwicklung gestalteten, vom Stadtzentrum zum Festplatz nach Altendorf an. Gäste aus vielen sächsischen Städten, hauptsächlich Bürgermeister, aber auch Staatsminister und selbst der König von Sachsen, Friedrich August III., waren erschienen. Die Feierlichkeiten gingen am Abend des 4. September mit einem großen bunten Feuerwerk zu Ende.
Am 5. September 1911 begann der Rat der Stadt in diesem neuen Haus seine Arbeit. Die erste Ratssitzung stand unter dem Motto »Des Rates Blick ist der Stadt Geschick«. Dieses sollte auch Leitmotiv für allezeit werden.

Ratskeller – Neumarktseite

AUG. WOLF
GLOBUS

◁ Blick vom Neumarkt auf das Neue Rathaus

Der Kauf- und Handelsherr Johann Christoph Siegert erwarb 1734 das Grundstück Nr. 21 am Chemnitzer Hauptmarkt. Sein Bruder Johann Friedrich kaufte drei Jahre später das Nachbargrundstück, die Ruine des Hauses Nr. 20, den ehemaligen Gasthof »Zum Güldenen Bock«. Aus den Akten des Chemnitzer Stadtarchivs geht hervor, daß das Siegertsche Haus Nr. 20 »ein brauberechtigtes Wohnhaus mit drei Hinter- und Seitengebäuden« war. Die Häuser Markt 19, 20 und 21 waren Mitte der dreißiger Jahre des 18. Jahrhunderts durch einen Brand derart schwer beschädigt, daß ein Neubau notwendig wurde. Johann Christoph Naumann, der sächsische Baudirektor, hatte bereits 1832 für Chemnitz eine Bauordnung erlassen. Darin hieß es u. a.: ». . . daß sich die Meister nicht unterstehen sollen, einen Bau anzufangen, ohne von mir einen Riß zu haben . . . auch nicht von meinem Riß oder Dessein abzugehen . . . daß ordentliche Brandgiebel zu bauen seien«.
Einer Ansicht aus dem Jahr 1800 entnehmen wir, daß die wiederaufgebauten Häuser an der Westseite des Marktes die Handschrift von Johann Christoph Naumann tragen. Die überlebensgroßen Figuren über der Giebeltraufe des Hauses stammen mit großer Wahrscheinlichkeit von dem Bildhauer Johann David Klöß, der zwischen 1731 und 1756 in Chemnitz wohnte. Er hatte auch die Kanzel und den Altar der neuen Johanniskirche gestaltet. Wie in der Architekturgeschichte nachgewiesen wird, haben aber noch andere Bildhauer an dem reich verzierten Giebelschmuck gearbeitet. Dieser schöne Barockbau, das Siegertsche Haus, gehört zu den reifen und besten Leistungen im deutschen Bürgerhausbau. Im Verlauf der etwa 250jährigen Geschichte wechselte das Haus mehrfach seine Besitzer. Mit dem Wiederaufbau nach der Zerstörung im Jahre 1945 wurde ein Denkmal großartiger Bürgerhausarchitektur sächsischer Städte geschaffen. Das Siegertsche Haus bildet im Verein mit dem Alten Rathaus den gestalterischen Höhepunkt an der Westseite des Chemnitzer Hauptmarktes.

Zwischen 1736 und 1741 ließ Johann Christoph Siegert nach den Plänen des sächsischen Baudirektors J. Ch. Naumann das Bürgerhaus am Markt errichten. Mit der prächtigen Barockfassade, der Ornamentik und den beiden Giebelfiguren gehört das Siegertsche Haus zum Besten der Chemnitzer Architekturgeschichte

◁ Hauptmarkt mit Altem und Neuem Rathaus

◁◁ Blick vom Bretgäßchen auf das Alte Rathaus

Figurenschmuck an der Jakobikirche

In der Mitte unten befindet sich das Gebäude der Hauptpost. Rechts die Reichsbank in der Kronenstraße. Im Zentrum der Luftaufnahme das Alte und Neue Rathaus

Mit der Eröffnung der Chemnitzer Markthalle am 9. Dezember 1891 begann für viele Kleinhändler ein neues geschäftiges Treiben

Die zwanziger Jahre

Das Leben im Chemnitz der zwanziger Jahre wurde wesentlich durch die Ereignisse des Ersten Weltkrieges und der Novemberrevolution beeinflußt. Die Stadt beklagte am Ende des Krieges 8000 Männer und Söhne, die auf den Schlachtfeldern des Ostens und des Westens gefallen waren. Tausende Soldaten kehrten als Krüppel heim und hofften auf Unterstützung für ihren Lebensunterhalt.
Ein großer Teil der Chemnitzer Industriebetriebe, der während des Krieges auf Rüstungsproduktion umgestellt war, ging nach dem Waffenstillstand sofort an den Aufbau einer konkurrenzfähigen Friedensproduktion.
Paul Wagenknecht, ein Chemnitzer Journalist, skizzierte 1926 die Stadt so: »Wer den Herzschlag von Chemnitz abhören will, der muß hinabsteigen in die Schächte der Arbeit, wo die Spindeln surren, die Dampfhämmer stampfen und der Lärm der Maschinen die Ohren erfüllt, muß den gewaltigen Verkehr in seinen Hauptstraßen erleben, die Zahlen der Statistik aufstöbern und der geschichtlichen Entwicklung nachgehen . . .« An anderer Stelle hieß es: »Ein vielgliedriges Barometer für alle politischen, sozialen und wirtschaftlichen Erschütterungen; und liegt auch die Zukunft nicht gerade rosig vor uns, so darf man doch hoffen, daß die Riesenkräfte, die die Chemnitzer Industrie vorwärtstreiben, ihre Elastizität und Solidität, allen Stürmen – sollte sie uns Vielgeprüften das Schicksal nicht ersparen – mutig trotzen und alle Bedrängnisse mit eiserner Ausdauer und beflügeltem Fleiß überwinden werden.«
Aus den Geschäftsberichten der Unternehmen konnte der Statistiker interessante Informationen über die Produktions- und Gewinnentwicklung entnehmen. Die Sächsische Maschinenfabrik vorm. Richard Hartmann AG berichtete von Dividenden, die 1917/1918 15% und 1918/1919 immerhin noch 8% betrugen. Im Geschäftsbericht 1918/1919 las man: »Während der ersten 4 Monate des Berichtsjahres waren wir in allen Abteilungen mit Ausnahme des bis zur Grenze seiner Leistungsfähigkeit beanspruchten Lokomotivbaues überwiegend mit Herstellung von Kriegsmaterial beschäftigt. Durch den Ausbruch der Revolution und den Ausgang des Weltkrieges kamen selbstverständlich auch unsere Betriebsverhältnisse in eine von Grund aus veränderte Lage. Die Einführung des Achtstundentages und die fast fortdauernde Lohnbewegung haben mit ihren Folgeerscheinungen die Produktion unserer Werke ungünstig beeinflußt. Die Umstellung auf die Friedenswirtschaft wurde aber rechtzeitig in die Wege geleitet . . .«
Wenn man vor 1918 von dem »roten Chemnitz im roten Königreich« sprach, dann war dieses Bild nach der Novemberrevolution noch weiter ausgeprägt. Zwischen 1919 und 1929 gab es im Stadtparlament eine Arbeitermehrheit, die von SPD und KPD getragen wurde. Darin war wiederum – wie die Übersicht über die Ergebnisse der Stadtverordnetenwahlen zeigt –

Abschied vom Klostergraben

ein starker Einfluß der KPD sichtbar. Paradox erscheint es, daß bei der Wahl für das Präsidium des Stadtparlaments im Januar 1933 durch das wahltaktische Verhalten der NSDAP der kommunistische Stadtverordnete Heinrich Wesche zum Stadtverordnetenvorsteher gewählt wurde. Die Chemnitzer Wirtschaft konnte sich zu Beginn der zwanziger Jahre recht schnell auf die neuen Bedingungen des Weltmarktes einstellen. Neben der weiteren Spezialisierung des Textil- und Werkzeugmaschinenbaues entwickelten sich der Fahrradbau, die Elektroindustrie, die Feinmechanik, der wissenschaftliche Apparatebau und später auch der Automobilbau zu wichtigen Zweigen im Chemnitzer Industriegebiet. Für die Leistungskraft des physikalischen Apparatebaus spricht z. B. die Verleihung der Goldmedaille an die Max Kohl AG auf der Düsseldorfer Ausstellung für Gesundheitspflege, soziale Fürsorge und Leibesübungen (»Gesolei«) im Oktober 1926. Mehrere Betriebe, wie die Firma Schubert & Salzer AG, J. E. Reinecker AG, Wanderer-Werke vorm. Winklhofer & Jaenicke AG, Astrawerke AG erzielten weltweit internationale Anerkennung.

Chemnitzer Bilderbogen: „Sicherheitstrachten für Eisenbahn-Reisende". Karikatur auf das baumwollverarbeitende Chemnitz

Auch die Fabrikarchitektur der zwanziger Jahre brachte neue Züge und prachtvolle industrielle Bauten hervor. Noch heute zeugen u. a. davon der von Erich Basarke gestaltete Fabrikturm der Schubert & Salzer AG sowie das von Willy Schönfeld projektierte Verwaltungsgebäude der Firma Gebr. Cammann & Co. AG in Chemnitz/Furth.

Vor dem Gebäude der »Neuesten Nachrichten« warteten viele Arbeitssuchende auf das Erscheinen des Stellenanzeigers. Schon vor 1900 hatte die liberal orientierte Zeitung Gratisausgaben über den Arbeitsmarkt herausgegeben

Die »Allgemeine Zeitung« gehörte um 1900 zu den größten Druck- und Verlagsanstalten von Chemnitz. Die günstige Lage an der Königstraße brachte ihr den Zuspruch der Chemnitzer Bevölkerung

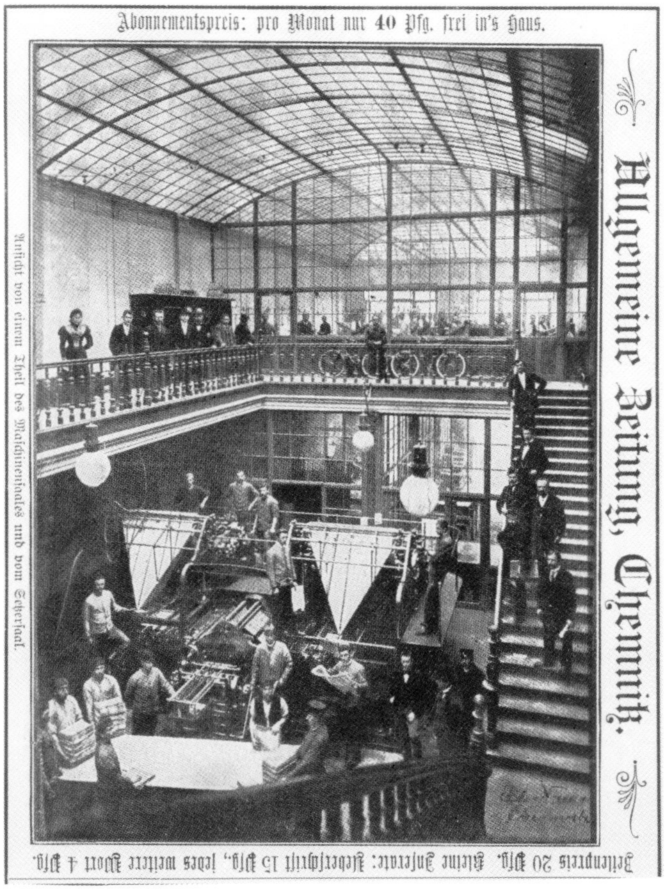

Zu den monumentalen Bankbauten gehören die Chemnitzer Filialen der Deutschen Bank am Falkeplatz (1920, 1925–1926) und der Dresdner Bank am Beckerplatz, Ecke Lange-/Poststraße (1922–1924). Diese Gebäude entstanden nach den Plänen der Architekten Erich Basarke und Prof. Heinrich Straumer.
Mit der Einführung der Goldwährung im Januar 1924 verbesserten sich die Bedingungen für die gesellschaftliche Entwicklung. In den sogenannten goldenen Jahren der Weimarer Republik wandelte sich das Bild der Stadt. Einen sichtbaren Ausdruck fand dieser Prozeß in der umfassenden Bautätigkeit.

Die vornehm und behaglich ausgestattete Brunnersche Buchhandlung im Gebäude des Neuen Rathauses am Markt lud zum beschaulichen Verweilen und guten Kauf ein

Ein Arbeitssaal in der Handschuhfabrik der Gebrüder Becker an der Ecke Annaberger Straße/Lothringer Straße

Die Kommune begann, den Platz des alten Johannisfriedhofes, dem die sozialdemokratisch-kommunistische Stadtverordnetenmehrheit 1927 den Namen Karl-Marx-Platz gab, umzugestalten und auf dem städtischen Boden Verwaltungs- und Schulgebäude zu errichten. An der Theresenstraße baute die Stadt das Verwaltungsgebäude des Wasserwerkes (1928), die Industrieschule (1928), das neue Realgymnasium (1929) und das Altersheim (1930). Dadurch erhielt dieser Platz ein völlig neues Aussehen. Das Ensemble von Industrieschule und Realgymnasium gehört noch heute zu den bedeutendsten Architekturleistungen der zwanziger Jahre. Mit 360 000 Einwohnern im Jahre 1930 erreichte die Stadt die höchste Einwohnerzahl ihrer Geschichte. Damit wuchsen die Anforderungen an den Ausbau der städtischen Dienstleistungen. Das Flußbad Altchemnitz (1920) bot neben anderen Sommerbädern Platz für Entspannung und Er-

Verkaufsstand auf dem Brückenmarkt an der Brückenstraße

Ein Einkauf in den Geschäften der Feinkosthandlung Alexander Fischer an der Kronen- oder Königstraße regte den Appetit an

Vom Markt zum Johannisplatz, an der Brücken- und Königstraße standen überall kleinere Geschäfte und größere Kaufhäuser mit einem vielseitigen Angebot von billigen und teuren Waren

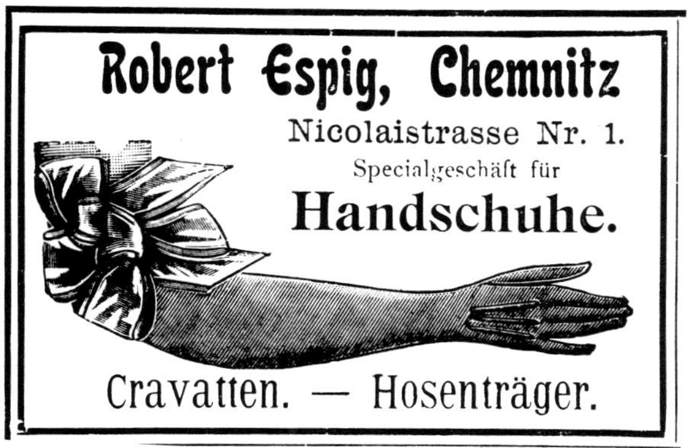

Hofansicht des Schloßbergmuseums

holung. Notwendig wurde die Erweiterung des Schlachthofes mit der Einweihung einer neuen Fleischgroßverkaufstelle (1928), die Verbesserung der Energieversorgung und des Telefonnetzes durch den Neubau eines Telegrafenamtes (1930) sowie den Anbau der Umformerstation des Elektrizitätswerkes am Getreidemarkt.
Die prekäre Lage am Ende der zwanziger Jahre in der Wasserversorgung der Stadt wurden durch den Bau der Saidenbachtalsperre ab 1929 beseitigt. Mit der Eröffnung des Gebäudes der Sozialversicherung an der Müllerstraße (1930) und der Einweihung des Gebäudes der Stadtsparkasse (1930) Ecke Zwickauer- und Stollberger Straße entstanden Häuser, die vor allem auf eine verbesserte Dienstleistung für alle Bürger bestimmt waren. Stets ging es in den zwanziger Jahren um ein ausgewogenes Verhältnis zwischen industrieller Leistungsfähigkeit und sozialer Versorgung.
Der Chemnitzer Verkehrsverein, in dem sowohl die Industrie- und Handelskammer, Stadtverwaltung und andere Kräfte, die für die Stadt warben, vertreten waren, unternahm große Anstrengungen, um Chemnitz auch weiterhin zu einem Magnet für den weltweiten Handel zu entwickeln. Den Bestrebungen, die Stadt weltoffen zu gestalten und Chemnitz in den sich entwickelnden internationalen Flugverkehr einzubinden, entsprach der Bau eines Flugplatzes an der Stollberger Straße. Am 2. Mai 1926 wurde der Flugplatz eingeweiht. Damit trug man auch einer Forderung des Chemnitzer Vereins für Luftfahrt und Flugwesen Rechnung. Dieser am 3. März 1895 gegründete Verein hatte das für die Errichtung des Flugplatzes vorgesehene Gelände im Oktober 1924 in Pacht genommen. Das Chemnitzer Flugwesen, das engstens mit dem Flugsport und der Flugtechnik verbunden war, kannte die Namen Georg Baumgarten, Paul Spiegel und Felix Laitsch. Auf dem Bauplatz an der Stollberger Straße mußte ein Höhenunterschied von 14 Metern ausgeglichen werden. Dazu war es notwendig, 54 600 Kubikmeter Erde zu bewegen sowie weitere 115 000 Quadratmeter Mutterboden für die Grasnarbe herbeizuschaffen. Die Gaststätte im Flughafengebäude entstand ebenfalls 1925/1926. Am 3. Mai 1926 begann der planmäßige Luftverkehr der Deutschen Lufthansa für Personen-, Post- und Frachtbeförderung. Chemnitz war laut zeitgenössischen Presseinformationen zunächst an folgende Flugrouten angeschlossen:
1. Chemnitz–Plauen–Fürth–Nürnberg
2. Chemnitz–Leipzig–Braunschweig–Hannover–Bremen
3. Chemnitz–Dresden.

Die Flugpläne waren so eingerichtet, daß sich für Chemnitz folgende Start- und Landezeiten ergaben:
8.55 Uhr von Dresden, 9.15 Uhr nach Plauen,
13.00 Uhr nach Leipzig, 13.25 von Leipzig,
17.30 Uhr von Plauen, 17.50 nach Dresden.
Mit der Einbeziehung von Chemnitz in den Handelsluftverkehr erfüllten die

Das Restaurant »Tiergarten Scheibe« an der Blankenauer Straße gehörte zu den beliebten Ausflugszielen der Chemnitzer. Schon vor der Jahrhundertwende gab es in diesem Terrain einen kleinen zoologischen Garten. Nach der »Scheibe« folgte landwärts die am 17. Oktober 1909 eröffnete Radrennbahn. Heute erinnern daran nur noch wenige Mauerreste am Eingang zur Schrebergarten-Anlage

Deutsche Lufthansa und die Stadt ein wesentliches Anliegen der Chemnitzer Unternehmer.
Ab 1927 kamen noch Flugrouten nach Marienbad, Berlin und Amsterdam hinzu. Zu den Höhepunkten der Chemnitzer Flugtage zählte stets der Überflug oder gar die Landung eines Luftschiffes. Am 2. November 1930 erwarteten die Chemnitzer wieder einmal einen Zeppelin. Wegen des schlechten Wetters mußte der Flug verschoben werden. Doch am 16. November 1930 traf das Luftschiff »Graf Zeppelin« nach 3½stündiger Fahrt aus Friedrichshafen am Bodensee in Chemnitz ein. Nach der Begrüßung und kurzem Aufenthalt trat der Zeppelin mit 19 Passagieren an Bord wieder die Heimreise an. Mit derartigen Schauveranstaltungen schuf man neben der Bewunderung der technischen Leistungen – das Luftschiff flog stellenweise 160 km/h – auch eine Welle der nationalen Begeisterung. In den Jahren der Hitlerdiktatur trugen diese Veranstaltungen zunehmend nationalistische und chauvinistische Züge.
Am 7. Oktober 1930 öffnete das Nobelhotel »Chemnitzer Hof« seine Türen. Das war allerdings ein Zeitpunkt, zu dem die Hoffnungen auf einen weiteren internationalen Aufschwung der Chemnitzer Industrie durch die Weltwirtschaftskrise bereits geschwunden waren.
Schließlich gehören in die zwanziger Jahre auch die Errichtung mehrerer kommunaler und genossenschaftlicher Wohnhausbauten. Für die stadteigenen Siedlungen wie Robert-Straube-Hof und Humboldthöhe war typisch, daß diese Wohnungen vorwiegend als Kleinraumwohnungen erbaut wurden.
Ein unverwechselbares Bild prägte das Chemnitzer Theater. Unter der Leitung ihres Generalintendanten Richard Tauber entwickelten sich die Städtischen Theater zu Spielstätten, die mit Vielfalt und Aktualität des Repertoires auch breite Schichten der werktätigen Bevölkerung anzogen. Nach der Generalrekonstruktion bildete am 21. März 1925 die Wiedereröffnung des Chemnitzer Schauspielhauses an der Theaterstraße ein festliches Ereignis. In seinem Geleitwort betonte Richard Tauber, daß dem Theater die Aufgabe zugefallen ist, die neue Zeit in sich aufzunehmen und den jungen Schriftstellern die Pforten zu öffnen. »Die Pflege der Weltliteratur, die Pflicht, einer jungen heranwachsenden Dichtergeneration sorgender Förderer und Hüter zu sein,« sagte er, »wird dieses neue Schauspielhaus genügend Gelegenheit bieten.« Zum 50jährigen Bühnenjubiläum des Generalintendanten im April 1928 erreichten ihn die Glückwünsche von großen Theaterschaffenden und Komponisten. Zu Recht erkannte man in dem Bühnenleiter Richard Tauber eine überragende künstlerische und menschliche Persönlichkeit, der es gelang, ein hervorragendes Künstlerensemble zusammenzuführen. Richard Tauber war für alles Neue und Progressive in der Kunst sehr aufgeschlossen. Am Opernhaus erklangen die Stimmen der besten Sänger und im Schauspielhaus wirkten namhafte Künstler. Zur Zeit Richard Taubers konzertierten führende deutsche Dirigenten im Chemnitzer Opernhaus, so zum Beispiel Erich Kleiber, Otto Klemperer, Leo Blech und Fritz Busch. Hier gastierten auch Felix von Weingartner, Richard Strauss und Arthur Nikisch. Werke von M. P. Mussorgski und P. I. Tschaikowski kamen 1927 und 1928 im Opernhaus zur Aufführung. Am 19. und 20. Dezember 1927 tanzte Anna Pawlowa mit ihrem Ballett-Ensemble im Opernhaus.
Ein herausragendes kulturgeschichtliches Ereignis im Theaterleben der Stadt Chemnitz bildete die Festvorstellung des Dramas von Gerhart Hauptmann »Die Weber« am 29. September 1928 im Schauspielhaus. In einer Neuinszenierung vom Generalintendanten des Staatstheaters Berlin, Prof. Leopold Jessner, gestaltete das Schauspielensemble diese Aufführung in Anwesenheit des sechsundsechzigjährigen Dichters zu einem ehrenvollen Blatt der Chemnitzer Theatergeschichte. Die li-

Herrenhaus des Rittergutes Oberrabenstein. Der Chemnitzer Kaufmann Johann Georg Siegert ließ es wahrscheinlich 1776 errichten. Die in der Bleiche und im Textilhandel tätige Familie Siegert – nach ihr wurde auch das Haus mit der schönen Barockfassade am Markt benannt – erwarb 1774 Burg und Rittergut Oberrabenstein. Im 19. Jahrhundert gab es wiederholt Besitzerwechsel

Die Anlage der Burg Rabenstein aus dem letzten Drittel des 12. Jahrhunderts gehört zu der frühen Besiedlung des Chemnitzer Raumes

beral-demokratisch orientierten »Chemnitzer Neuesten Nachrichten« konstatierten, daß »die soziale Not zum Träger der Idee« wurde. Sie erhob diese Aufführung zu einem leidenschaftlichen »Protest gegen menschliche Erniedrigung«. Nach der Leipziger Uraufführung der »Revolte im Erziehungshaus« von Martin Peter Lampel erfolgte am 3. März 1929 die Chemnitzer Erstaufführung. Schließlich gelangte auch am 1. Juni 1929 »Die Dreigroschenoper« zur Erstaufführung. Dieser Vorstoß, mit dem Mittel der Kunst und des Theaters die zeitgenössischen gesellschaftlichen Verhältnisse einer starken Kritik zu unterziehen, stieß in der bürgerlichen Presse auf heftigen Widerspruch und in der Arbeiterpresse auf Zuspruch.

Die Chemnitzer Volksbühne konnte im Zusammenwirken mit Richard Tauber ihre Anziehungskraft nach dem starken Aderlaß von 23 000 Mitgliedern im Jahre 1920 auf 8000 im Jahre 1924 langsam wieder stabilisieren. Durchschnittlich besuchten wöchentlich 4000 bis 5000 Werktätige ihre Vorstellungen. Dazu trug schließlich auch bei, daß die erwerbslosen Mitglieder der Volksbühne sowie Jugendliche die Veranstaltungen kostenlos besuchen konnten.

Einen zunehmenden Einfluß auf das kulturelle Leben gewannen die Lichtspieltheater. In Chemnitz wurden allein 1929 der »Luxor-Palast« mit 1600 Plätzen an der Hartmannstraße (März), der Filmpalast »Roter Turm« an der Herrenstraße (September) und die »Schauburg« an der Augustusburger Straße (Oktober) eröffnet.

Auf den Wanderungen von Gablenz nach Euba oder zum Zeisigwald konnte man gemütlich Rast und Einkehr in der Heideschänke halten

Das auf der Röhrsdorfer Höhe gelegene Bismarckschlößchen mit dem am 24. Mai 1906 eingeweihten Bismarckturm war ebenfalls ein beliebtes Wanderziel

Südlich von Chemnitz liegt an der Straße nach Zschopau der traditionsreiche Rast- und Gasthof »Goldener Hahn«

Vom Gasthof »Goldener Hahn« führt eine Straße vorbei an der 1890/1893 erbauten ersten Talsperre für die Chemnitzer Wasserversorgung nach Einsiedel

Der Zeisigwald bildete stets ein Ausflugsziel. Die Zeisigwaldschänke wurde 1899 von der Aktien-Lagerbier-Brauerei eröffnet und 1910 durch einen Anbau erweitert

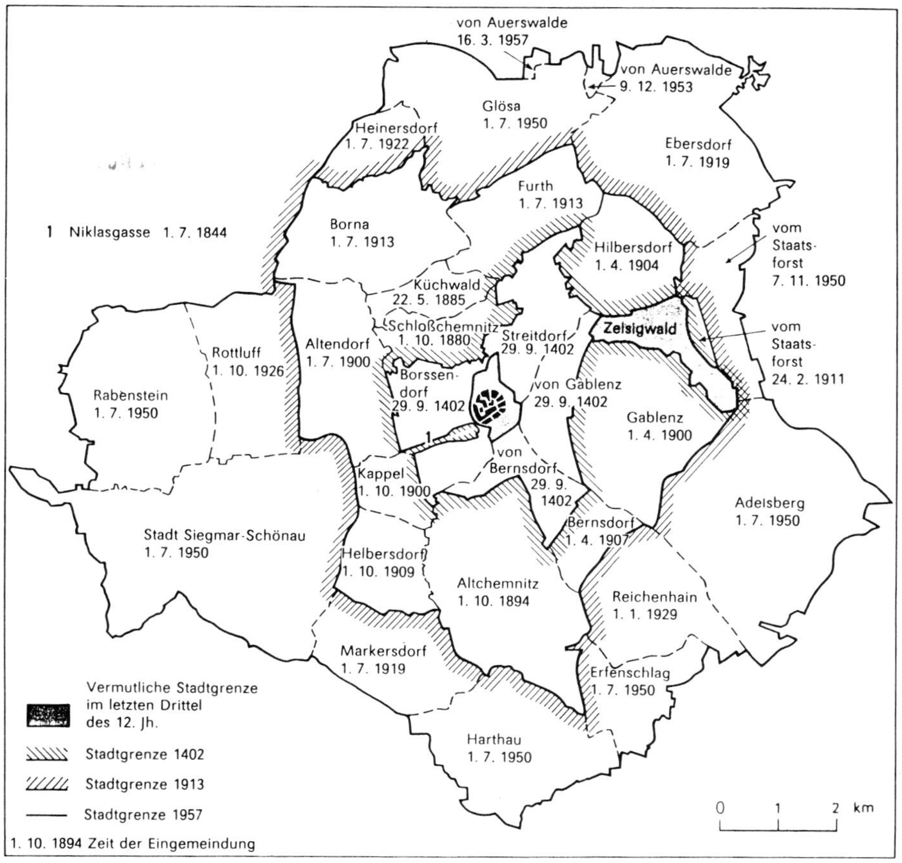

Plan der Eingemeindungen

Mit der Eingemeindung von Schloßchemnitz 1880 begann die Einverleibung von weiteren 20 Vorortgemeinden.
Die erste Einverleibungswelle lag zwischen 1894 und 1913.
In Chemnitz erhielten, sicherlich durch das Leipziger und Dresdner Beispiel angeregt, um 1890/91 die ersten größeren Einverleibungsbestrebungen die Unterstützung der Aufsichtsbehörde. Im Oktober 1891 führte der Chemnitzer Amtshauptmann mit den Gemeindevorständen von Altchemnitz, Altendorf, Bernsdorf, Furth, Gablenz, Hilbersdorf und Kappel eine vertrauliche Beratung mit dem Ziel durch, diese Gemeinden mit der Stadt Chemnitz zu vereinigen. Zu einer schnellen Einigung kam es jedoch nicht. In diesem Prozeß stießen unterschiedliche Interessen aufeinander. Einerseits wollte man die günstigen Produktionsbedingungen des Vororts nicht verlieren, andererseits versprach man sich durch die Einverleibung bessere politische und ökonomische Verwertungsbedingungen für das Kapital. Für die in den Vororten erstarkte Arbeiterklasse bedeutete die Eingemeindung zunächst einen Verzicht auf die gerade in dieser Zeit sich entwickelnde proletarische Kommunalpolitik. Die Chemnitzer Sozialdemokraten veröffentlichten als eine der ersten lokalen Parteiorganisationen 1892 ein eigenes Kommunalprogramm.
Die Gemeindevertreter von Kappel beschlossen, zunächst eine Deputation nach Leipzig zu entsenden, um »in den Leipziger Vororten Erkundigungen einzuziehen«. Noch bei der Kappeler Rathausweihe am 16. September 1883 hieß es im Festgedicht:

»Nach Osten blickt das neue Haus,
wo Schwester Chemnitz schaut heraus,
Uns winkend zum Vereinen,
Das wir jetzt noch verneinen.«

Im Ergebnis dieses Besuches berichteten sie über die Leipziger Verhältnisse u. a., daß die polizeiliche Aufsicht viel schärfer als früher sei, der Grundbesitz stärker als früher zu Abgaben herangezogen würde und die Bebauung der Fußwege noch Jahre auf sich warten ließe. Schließlich empfahl man, »ganz besonders vorsichtig zu sein und alles möglichst schwarz auf weiß zu bedingen«. Daraufhin beschloß im Februar 1892 der Gemeinderat von Kappel, »den Anschluß an Chemnitz vorläufig abzulehnen«. Erst im Ergebnis eines Prozesses von langwierigen Verhandlungen wurden die acht Gemeinden zu unterschiedlichen Zeiten mit Chemnitz verbunden. Manch einem Gemeindevorsteher fiel auch persönlich die Zustimmung zur »Hochzeit« mit der Stadt sehr schwer. Schließlich spielten dabei seine künftige Arbeit, die er nun als städtischer Angestellter fortsetzen würde, sowie sein Einkommen eine Rolle. Jedenfalls schloß der Gemeindevorsteher Max Kurt Simon von Bernsdorf die Einverleibungsakte am 3. April 1907 mit folgender Bemerkung: »Mit meiner am heutigen Tage erfolgten Verpflichtung als Gemeindeunterbeamter schließe ich die Akten und zugleich die mir liebgewordene und mit besonderer Hingabe ausgeübte Tätigkeit eines Gemeindevorstandes.«
Im März 1912 unterbreitete die Stadt den Vorschlag, die Gemeinden Ebersdorf, Glösa, Heinersdorf, Markersdorf, Neustadt, Niederhermersdorf, Reichenhain, Rottluff, Schönau und Siegmar einzubezirken.
Die westlich vor der Stadt liegenden Gemeinden Schönau, Siegmar und Rottluff lehnten die »Ehe« mit der größeren Stadt grundsätzlich ab. Der Gedanke an weitere Einverleibungen blieb zwar wach, konnte aber vorerst nicht verwirklicht werden.
Erst in den zwanziger Jahren wurden Ebersdorf, Markersdorf (beide 1919), Heinersdorf (1922), Rottluff (1926) und Reichenhain (1929) mit Chemnitz vereinigt.
Mit der Eingemeindung der Stadt Siegmar-Schönau sowie der Gemeinden Adelsberg, Erfenschlag, Glösa, Harthau und Rabenstein – im Jahre 1950 – vergrößerte sich das Chemnitzer Stadtgebiet von 80,5 km^2 auf 128,6 km^2. Damit fanden die Jahrzehnte dauernden Bestrebungen zur Eingemeindung der Vororte ihren Abschluß.

Eisenbahnviadukt in Oberrabenstein von Karl Schmidt-Rottluff. Pinsel, Tusche (schwarz), Pastellkreide, aquarelliert, 1937

Kunst und Kultur erhielten in den zwanziger Jahren in Chemnitz eine besondere Ausprägung. Anders als in der Hof- und Residenzstadt Dresden mit den weltbekannten Kunstsammlungen und musealen Einrichtungen, auch anders als in der Buch- und Messestadt Leipzig mit ihrem weltoffenen Anspruch an Kunst und Kultur entwickelte sich in der Industriestadt Chemnitz eine in vielfältiger Weise eigene, mit dieser Region verwurzelte Kunst. Der Theaterplatz bildete mit Opernhaus und Städtischen Museen den kulturell-künstlerischen Mittelpunkt. Maler wie Schmidt-Rottluff, Schrag und Kunze brachten hier ihre Namen ein.

Friedrich Schreiber-Weigand, seit 1911 ehrenamtlicher Ausstellungsleiter der »Kunsthütte«, von 1920 bis zu seiner Entlassung im Jahr 1933 und dann nochmals nach 1945 Direktor der Städtischen Kunstsammlung, wirkte hier als hervorragender Sachwalter und Kenner der bildenden Künste. Er selbst sah seine Aufgabe in den zwanziger Jahren darin, »die Sammlung zu einem Museum der Gegenwart auf- und auszubauen, wobei besonders die beiden das geistige Bild jener Jahre bestimmenden Stilphasen, die des wirklichkeitsnahen Impressionismus und die des wirklichkeitsdeutenden Expressionismus, ihren Niederschlag fanden«. Verpflichtet fühlte er sich vor allem dem Expressionismus, da bedeutende Vertreter der Künstlergemeinschaft »Die Brücke« (Karl Schmidt-Rottluff, Erich Heckel, Max Pechstein) in dieser Gegend beheimatet waren. Ziel und Absicht seiner Sammeltätigkeit wurden aus der Wesensart von Chemnitz, wie es Schreiber-Weigand schilderte, gewonnen. Man war erfüllt »von den lebendigen Kräften einer trotz den damals so schwierigen wirtschaftlichen Verhältnissen energievoll vorwärtsstrebenden Industrie und der um sie gruppierten arbeitenden Bevölkerungsschichten«. Ein Höhepunkt von nationaler Bedeutung war die Chemnitzer Robert-Sterl-Ausstellung im September und Oktober 1928. Für diese erste Werkausstellung, die Schreiber-Weigand mit der »Kunsthütte« veranstaltete, schrieb Max Liebermann das Geleitwort zum Katalog. Anläßlich der Eröffnung seiner Ausstellung nahm die Stadt Chemnitz die Eintragung von Prof. Dr. h. c. Robert Sterl in das »Goldene Buch der Stadt« vor. Es waren damals hauptsächlich Künstler und Kulturschaffende, die die Chemnitzer Stadtverwaltung im »Goldenen Buch« ehrte. Gleich danach stehen die Namen Gerhart Hauptmann, Prof. Leopold Jessner und Richard Tauber sen. Das Städtische Museum beherbergte in den zwanziger Jahren die

- Städtischen Naturwissenschaftlichen Sammlungen,
- Städtische Kunstsammlung mit dem Graphikkabinett,
- Städtische Textil- und Kunstgewerbesammlung,
- Sammlung des Vereins für Chemnitzer Geschichte und
- das Gewerbemuseum.

Karl Schmidt-Rottluff (1884–1976) gehört zu den hervorragenden Künstlern unseres Jahrhunderts. Er war Mitbegründer der Künstlergruppe »Brücke« (1905 in Dresden), deren Malerei und Grafik in Deutschland den Expressionismus fundamentierte. Sein und Martha Schrags Einfluß halfen beim Prägen einer neuen Chemnitzer Künstlergeneration. In Schmidt-Rottluffs Schaffen stehen zwischen 1905 und 1925 Malerei und Grafik

im Mittelpunkt, danach wendet er sich auch Aquarellen und später verstärkt Tuschzeichnungen zu. 1938 wurden aus deutschen Museen 608 seiner Arbeiten, allein 105 aus Chemnitz, beschlagnahmt. 1941 erhielt er Berufsverbot. Von 1943 bis 1946 wohnte er nochmals in Chemnitz, bevor er wieder nach Berlin ging.
Alfred Kunze (1866–1943) gilt als der Maler und künstlerische Dokumentarist seiner Heimatstadt Chemnitz. Am 1. Oktober 1907 gründete er zusammen mit Gustav Schaffer, Martha Schrag, Rose Friedrich und Georg Gelbke die »Künstlergruppe Chemnitz«. Alfred Kunze blieb in seinem Leben und Wirken ständig mit Chemnitz verbunden. In den zwanziger Jahren war sein malerischer Stil ausgereift, und er hatte sich zum Maler der Chemnitzer Stadtlandschaft profiliert. Seine Betrachtungsweise, Wirklichkeit und Schönheit erkennend, ohne das Wesen der Stadt zu verfälschen, kommt in seinen Bildern zum Ausdruck. Der Zeitgenosse Martin Elsner charakterisiert ihn so: »Er schaut sie (die Stadt Chemnitz) mit hellen, lebhaften, beobachtenden Augen an und greift sich, wo es ihn reizt, ein Stück aus ihr heraus, um es mit Stift und Pinsel festzuhalten«.
Die Chemnitzer Künstlergruppe erweiterte sich im Jahr 1924 durch die Mitglieder Heinrich Brenner, Bernhard P. Mehnert, Rudolf Pleißner und Bruno Ziegler. Zum zwanzigjährigen Bestehen zählte die Gruppe etwa 100 außerordentliche Mitglieder, die als Förderer und Gönner auf die Chemnitzer Kunstszene Einfluß nahmen.
Aus Berlin war O. Th. W. Stein nach Chemnitz gekommen. Hier lebte Stein, weil der sensible Maler ohne die zerstörenden Einflüsse der Hauptstadt, des weltoffenen Verkehrs, die Hoffnung hatte, in eigener Ruhe und Besinnung sein Werk zu verrichten.
Die Stadt der Arbeit mit ihren sozialen Konflikten veranlaßte Martha Schrag (1870–1957), die Realitäten des Lebens aufzuspüren und diese zeitkritisch in ihren Gemälden über Industrie und Mensch ausdrucksstark darzustellen.

In der nationalsozialistischen Zeit wurden viele großartige Leistungen der zwanziger Jahre, so die Werke von Schmidt-Rottluff, Martha Schrag und anderen Künstlern, als »Entartete Kunst« betrachtet. Nicht wenige Künstler gingen in die innere Emigration.

Blick vom Turm des Neuen Rathauses nach Westen von Alfred Kunze. Öl auf Leinwand, 1926

Blick auf die Türme der Stadt von Lothar-Günther Buchheim. Linolschnitt – entstanden während seiner Chemnitzer Jugendzeit, 1936

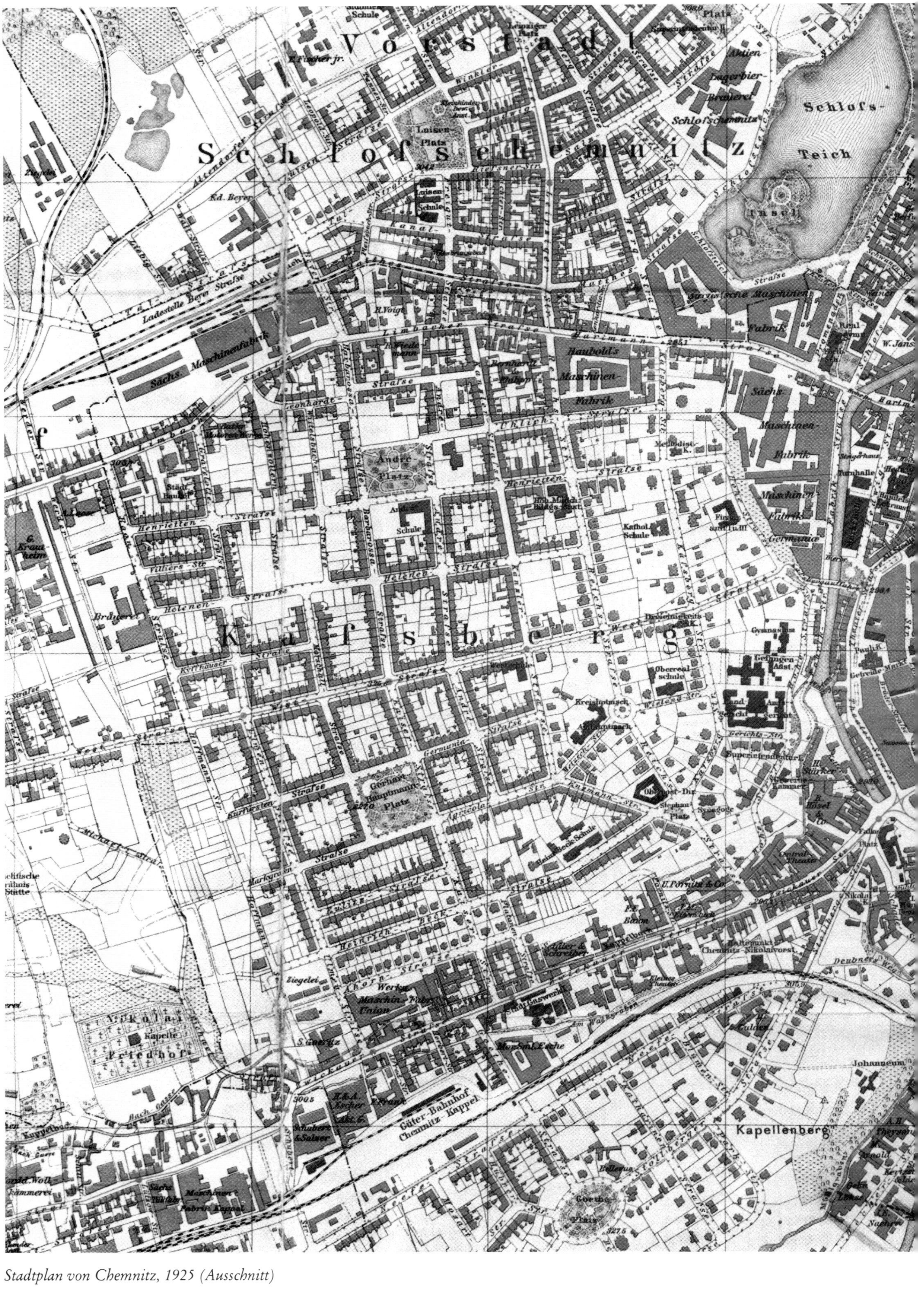

Stadtplan von Chemnitz, 1925 (Ausschnitt)

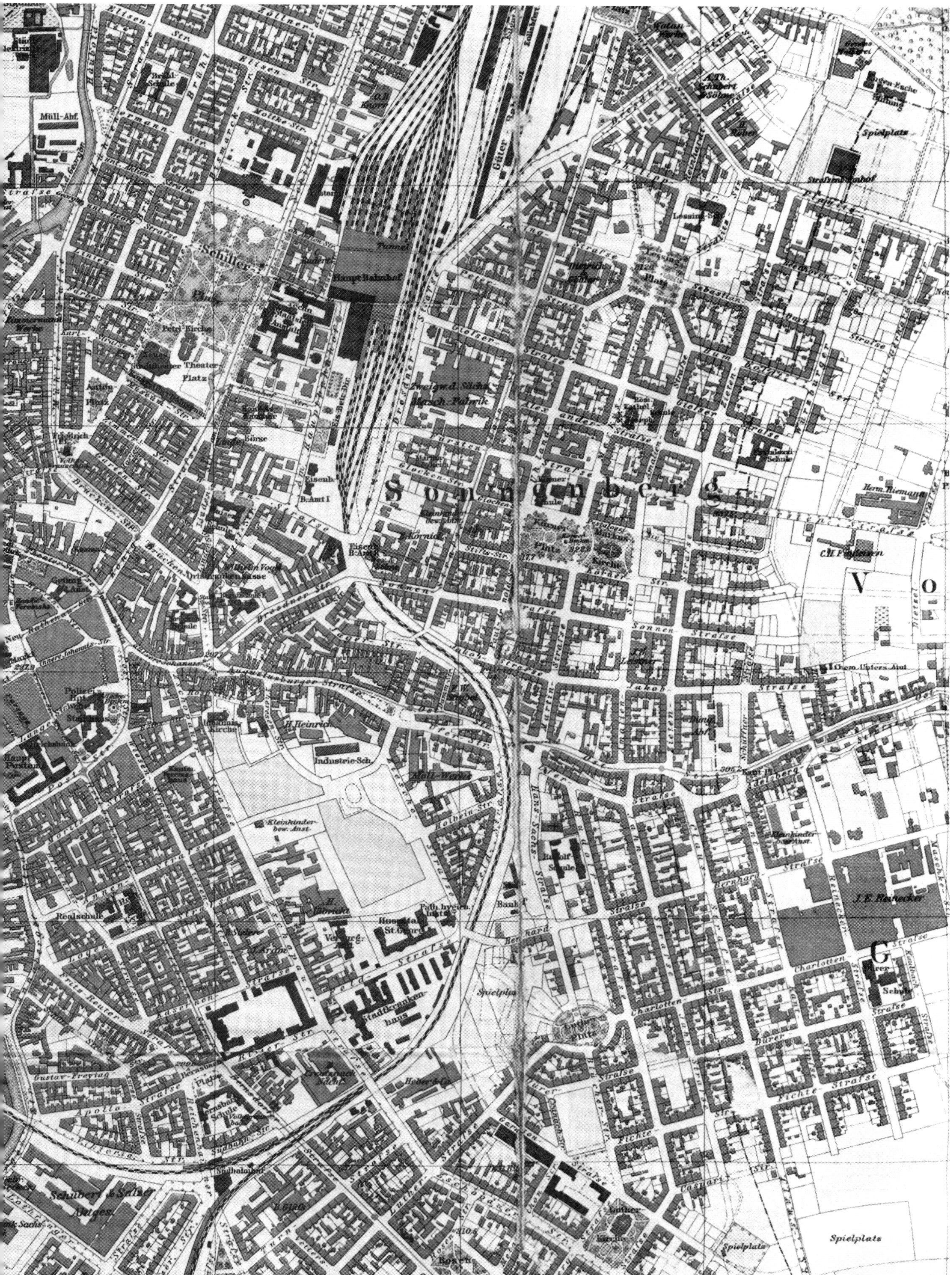

Müll-Abf.
Zimmermann Werke
Schiller-Platz
Petri-Kirche
Neues Stadttheater
Theater Platz
Tunnel
Haupt-Bahnhof
Börse
Sonnenberg
Wotan-Werke
Spielplatz
Strassenbahnhof
Lessing-Str.
Markus Kirche
Herm. Riemann
Sonnen-Strasse
Jakob-Strasse
Industrie-Sch.
Müll-Werke
Kleinkinder bew. Anst.
Realschule
Stadtkrankenhaus
Gustav-Freytag
Apollo
Südbahnhof
Schubert & Salzer
Hans-Sachs-Strasse
Bernhard-Strasse
J.E. Reinecker
Charlotten-Str.
Fichte-Strasse
Luther Kirche
Spielplatz
Spielplatz

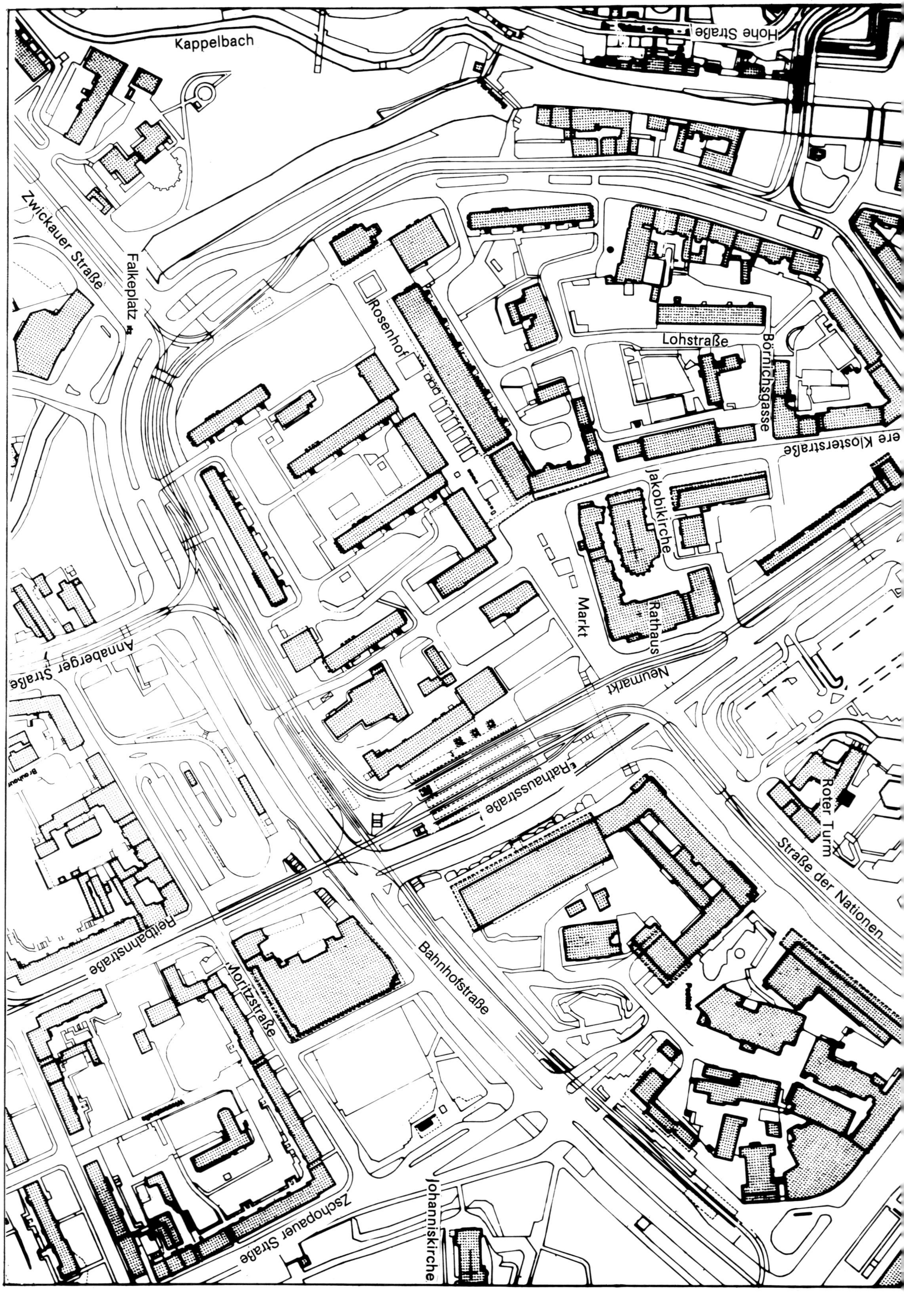
Kappelbach
Hohe Straße
Zwickauer Straße
Falkeplatz
Rosenhof
Lohstraße
Börnichsgasse
ere Klosterstraße
Jakobikirche
Markt
Rathaus
Neumarkt
Annaberger Straße
Rathausstraße
Roter Turm
Straße der Nationen
Reitbahnstraße
Moritzstraße
Bahnhofstraße
Johanniskirche
Zschopauer Straße

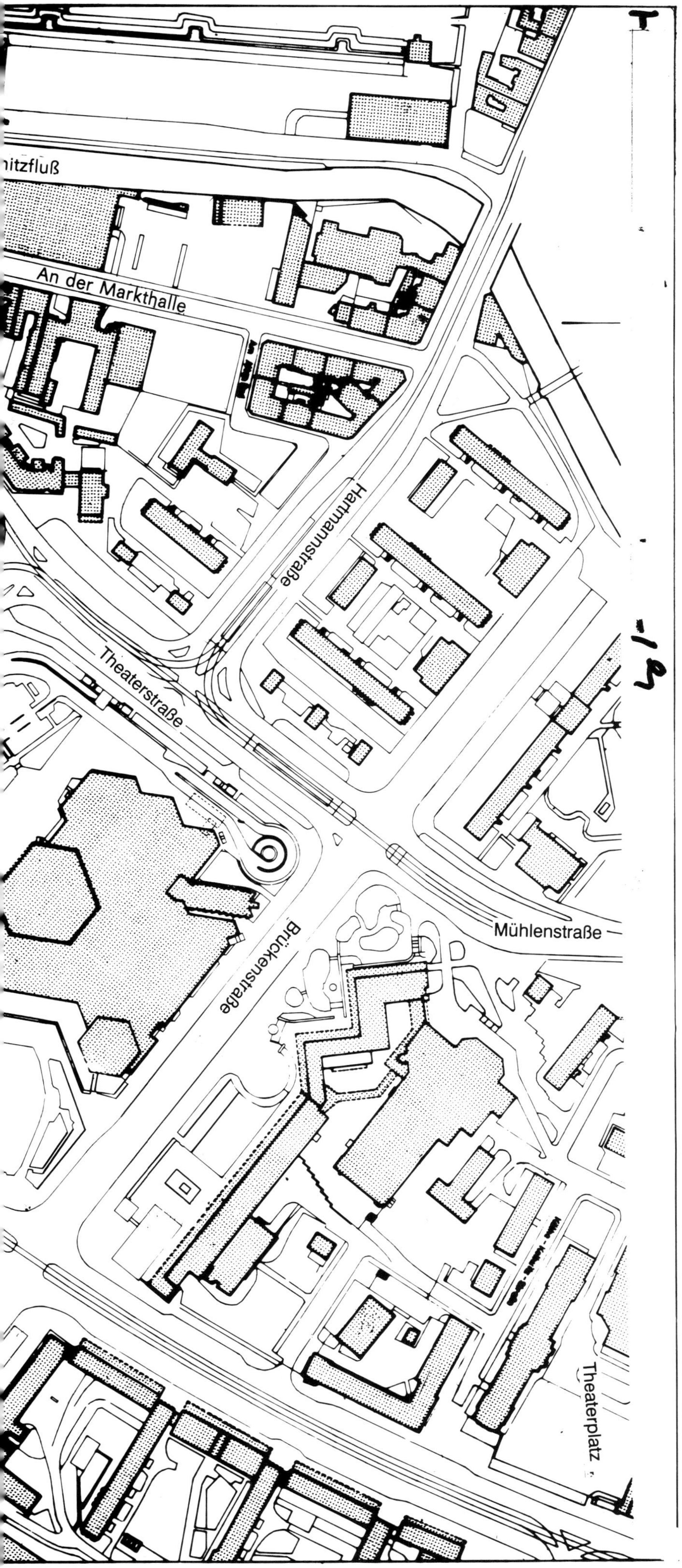

Stadtkern von Chemnitz 1990

Diesterwegschule im Stadtteil Gablenz, 1930 eingeweiht

Die Wirkwarenfabrik von Friedrich R. Voigt (rechts) an der Hauboldstraße. Im Hintergrund die Schornsteine des städtischen Elektrizitätswerkes

Dresdner Bank, errichtet zwischen 1922 und 1924 nach Plänen von Prof. Heinrich Straumer auf dem Baugrund der ehemaligen Börse am Beckerplatz

St. Paulikirche, 1750/56 als Neue Johanniskirche ohne Turm erbaut. 1875 auf Apostel Paulus umgetauft und am 6. Oktober 1887 Turm mit Glocken feierlich geweiht. Im Zweiten Weltkrieg stark zerstört und um 1960 abgebrochen (oben rechts)

Verkehrsampel am Falkeplatz mit Blick in die Zwickauer Straße, links das Falke-Haus

Das Ende der zwanziger Jahre gebaute Umformwerk der Städtischen Energieversorgung an der Ecke Theaterstraße/Getreidemarkt

Das Fernmeldeamt an der oberen Aktienstraße nahm am 23. August 1930 den Betrieb auf. Es vermittelte täglich etwa 16 200 Gespräche

Materialwarenlager

Stadtsparkasse am Falkeplatz, im April 1930 eingeweiht

Maschinensaal der Industrieschule

Industriehochhaus Cammann in Chemnitz-Furth

Die Chemnitzer Flughafenanlagen wurden am 2. Mai 1926 in feierlicher Form durch den Bürgermeister Walter Arlart eröffnet. Die Chemnitzer Architekten Kurt Müller und Georg Schwab schufen die Entwürfe und übernahmen die Bauausführung

Wohnungsbau der »Wanderer-Werke AG« in Schönau

Stadtbad. Der erste Spatenstich erfolgte am 22. Mai 1929. 1930 rohbaufertig, mußte der Bau von 1930 bis 1934 unterbrochen werden. Die Eröffnung erfolgte am 25. März 1935. Das Luft- und Sonnenbad war als kleine Schwimmhalle vorgesehen

Große Schwimmhalle im Stadtbad

Deutsche Bank, Filiale Chemnitz, am Falkeplatz; erbaut nach den Plänen von Erich Basarke, eröffnet im Juli 1926

Nach den Plänen der Architekten Willi Jänichen und Gotthold Puschmann erstellte die »Zentralbau« G.m.b.H. in der zweiten Hälfte der zwanziger Jahre den damals modernen Helenenhof mit Wohnungen unterschiedlicher Größe auf dem Kaßberg

Übersicht über die Ergebnisse der Stadtverordnetenwahlen in Chemnitz in den Jahren von 1919 bis 1932

Stadtverordnetenwahl	12. 1. 1919		12. 12. 1920		5. 11. 1922		13. 1. 1924		16. 11. 1926		17. 11. 1929		13. 11. 1932	
abgegebene gültige Stimmen	134 683		123 156		162 381		135 883		165 497		183 935		207 820	
ungültige Stimmen	428		199		446		480		748		982		842	
	A	B	A	B	A	B	A	B	A	B	A	B	A	B
SPD [1])	75415	34	49720	25	55961	21	35330	16	46618	17	59994	21	56670	17
KPD [2])	7294	3	17552	8	29393	11	32121	15	38631	14	28159	9	47574	14
DDP [3])	18138	8	6592	3	11418	4	8622	4	5282	3	5997	2		
BWV [4])	26508	12												
PAV [5])	7328	3											11559	4
DNVP [6])			28278	14	22494	8	21771	10	22331	8	20266	7	3081	1
DVP [7])			19758	10	30748	12	25063	11	20404	8	19215	7		
USPD [8])			1256	–			472	–						
WVChH [9])					11462	4	12504	5			799	–		
IVCh [10])					905	–								
RpdM [11])									20406	8	21787	8		
ASPD [12])									2593	–				
NSDAP [13])									3081	1	13274	4	69538	20
Rp f. Aufw. [14])									6151	2	5842	2	1886	–
KPD (0) [15])											1468	–	468	–
CVD [16])											4523	1	2868	1
DZP [17])											1379	–	3728	1
AIW [18])											1232	–		
ChM [19])													10010	3
VDE [20])													97	–
SAP [21])													341	–

Abkürzungsverzeichnis

A) In der Spalte A sind die abgegebenen gültigen Stimmen angeführt.
B) Die Spalte B enthält die Zahl der Sitze im Stadtparlament.
1) Sozialdemokratische Partei Deutschlands; 1922 als Vereinigte Sozialdemokratische Partei · 2) Kommunistische Partei Deutschlands; 1919 als Unabhängige Sozialdemokraten · 3) Deutsche Demokratische Partei · 4) Bürgerlicher Wahlverein · 5) Privatangestelltenverband · 6) Deutschnationale Volkspartei · 7) Deutsche Volkspartei · 8) Unabhängige Sozialdemokratische Partei Deutschlands · 9) Wirtschaftliche Vereinigung Chemnitzer Hausbesitzer; 1929 als Haus- und Grundbesitzer · 10) Invalidenrentner-Vereinigung Chemnitz · 11) Reichspartei des Deutschen Mittelstandes · 12) Alte Sozialdemokratische Deutsche Arbeiterpartei · 13) Nationalsozialistische Deutsche Arbeiterpartei · 14) Reichspartei für Volksrecht und Aufwertung · 15) Kommunistische Partei Deutschlands (Opposition) · 16) Christlicher Volksdienst · 17) Deutsche Zentrumspartei; 1932 als Deutsche Staatspartei und Deutsche Zentrumspartei · 18) Allgemeine Interessenvertretung für Wohnungsbau, Mieter und Wohnungssuchende · 19) Chemnitzer Mittelstand (Hausbesitz, Handwerk, Handel u. Gewerbe) · 20) Volksbund für Deutschlands Erneuerung · 21) Sozialistische Arbeiterpartei ·

Die erste Klasse der Hindenburgschule in Chemnitz-Borna, 1938: untere Reihe: 1. Geißler, 4. Rümmler, 5. Sternkopf; erste Reihe: 1. Richter, 2. Pilz, 8. Schmidt; zweite Reihe: 2. Fiedler, 9. Ludwig, 11. Krumbiegel; obere Reihe: 1. Fechner, 2. Schuck, 3. Lehrer Thauth, 7. Meyer, 9. Mäser, 10. Tittel

Am südlichen Ausgang des Stadtparkes wurde in den zwanziger Jahren das Luft- und Schwimmbad Altchemnitz angelegt. Das 1928 errichtete 50 m x 20 m große Schwimmbecken erhielt das Wasser vom Chemnitzfluß. Es wurde über eine damals moderne Wasserreinigungsanlage gefiltert und entkeimt. Für die Kleinen hatte man in dem 5 ha großen Bad auch ein Kinderplanschbecken angelegt

Schauspielhaus auf der Theaterstraße, 1838 eröffnet, 1924/1925 Generalrekonstruktion, am 21. März 1925 wiedereröffnet

Theaterzettel zur Erstaufführung der »Dreigroschenoper« in Chemnitz

Theaterzettel von der Festvorstellung am 29. September 1928. Richard Tauber, Generalintendant der Städtischen Bühnen, feierte 1928 sein 50jähriges Bühnenjubiläum

Schauspielhaus

Generalintendant: Richard Tauber

Sonnabend, den 1. Juni 1929

Anfang 7 1/2 Uhr! **Erstaufführung!** Anfang 7 1/2 Uhr!

Die Dreigroschenoper

(The Beggars Opera)

Ein Stück mit Musik in einem Vorspiel und 8 Bildern nach dem Englischen des John Gay.
Uebersetzt von Elisabeth Hauptmann

Deutsche Bearbeitung von **Bert Brecht.** Musik von **Kurt Weill.**

Musikalischer Leiter: **Sigmund Glanz.** Spielleiter: Oberspielleiter **Heinz Pabst.**

Vorspiel: Ein Leierkastenmann . . . . . Theo Plank

Personen:

Jonathan Jeremiah Peachum, Chef einer Bettlerplatte	Karl Weinig
Frau Peachum	Luise Trebe
Polly Peachum, ihre Tochter	Toblina Gondy
Macheath, Chef einer Platte von Straßenbanditen	Gustav Th. Wehrle
Brown, Polizeichef von London	Theo Plank
Lucy, seine Tochter	Lotte Meyer
Spelunkenjenny	Edith Jamrath
Trauerweidenwalter (Macheaths Leute, Straßenbanditen)	Ludwig Holler
Hakensing rjakob (Macheaths Leute, Straßenbanditen)	Konrad Mayerhoff
Münzmatthias (Macheaths Leute, Straßenbanditen)	Paul Förster
Sägerobert (Macheaths Leute, Straßenbanditen)	Egon Blanke
Ede (Macheaths Leute, Straßenbanditen)	Paul Milbradt
Jimmy (Macheaths Leute, Straßenbanditen)	Arthur Zahn
Filch, einer von Peachums Bettlern	Willy Eichberger
Smith, Konstabler	Fritz Göbel
Reverend Kimball	Alfred Richter-Anschütz
Bettler	Erich Moral
Dirnen	Maria Kloy, Suse Dunger, Hilde Vogel
Konstabler	Kurt Görs

Banditen, Dirnen, Bettler, Konstabler, Volk.

Ort der Handlung: London.

Am Klavier: **Hans Mikorey.** Spielwart: Erich Moral. Aenderungen in der Besetzung der Rollen bleiben vorbehalten.

Bühnenbilder: Künstlerischer Beirat **Felix Loch.**
Kostümliche Einrichtung: Trachten-Oberinspektor **Otto Rinck.**

Nach dem 6. Bilde Pause.

Preise der Plätze:

1. Rang Mittelb. 1. u. 2. Reihe	Mark 5.—	Saal 2	Mark 3.50	2. Rang Eckloge, hint. Plätze	Mark 2.—
1. Rang Mitte 1., 2. u. 3. Reihe	Mark 4.—	Saalsperrsitz	Mark 3.—	2. Rang Seitenloge	Mark 2.—
1. Rang Seitenbalkon 1. Reihe	Mark 4.50	Saal-Logen, vordere Plätze	Mark 6.—	3. Rang Mittelbalkon	Mark 1.50
1. Rang Seitenbalkon 2. Reihe	Mark 3.50	Saal-Logen, hintere Plätze	Mark 5.—	3. Rang Mitte	Mark 1.—
1. Rang Seite, 1. u. 2. Reihe	Mark 2.50	2. Rang Mittelbalkon	Mark 2.50	3. Rang Seitenbalkon	Mark 1.50
1. Rang Loge rechts, vord. Pl.	Mark 6.—	2. Rang Mitte	Mark 2.—	3. Rang Seite 1	Mark 0.85
1. Rang Loge rechts, hint. Pl.	Mark 5.—	2. Rang Seitenbalkon	Mark 2.50	3. Rang Seite 2	Mark 0.50
Orchesterplatz	Mark 4.50	2. Rang Seite	Mark 2.—		
Saal 1	Mark 4.—	2. Rang Eckloge, vord. Plätze	Mark 3.—		

Die Preise sind einschl. Kleiderablage und Kartensteuer. Dazu kommt die Vorverkaufsgebühr bis zum vorhergehenden Tage der Vorstellung.

Kassenöffnung 7 Uhr **Anfang 7 1/2 Uhr** **Ende nach 10 Uhr**

Sonntag, den 2. Juni 1929, abends 7½ Uhr:
Die Dreigroschenoper
Ein Stück mit Musik von Bert Brecht. Musik von Kurt Weill.

Montag, den 3. Juni 1929, abends 7½ Uhr:
Die Dreigroschenoper
Ein Stück mit Musik von Bert Brecht. Musik von Kurt Weill.

Voranzeige! Vom 14. bis 16. Juni 1929: **Dreimaliges Gastspiel des Wiener Ensembles** mit **Gisela Werbezirk.**

„Dreimal Hochzeit", Schwank von Anne Nichols.

Druck: Buchdruckerei Merkur Franz Zimmermann Chemnitz.

Schauspielhaus

Generalintendant: Richard Tauber.

Sonnabend, den 29. September 1928

Anfang 7 1/2 Uhr! Anfang 7 1/2 Uhr!

Festvorstellung

anläßlich der Anwesenheit von **Gerhart Hauptmann.**

Neuinszenierung!

Die Weber

Schauspiel in 5 Aufzügen aus den vierziger Jahren von **Gerhart Hauptmann.**

Inszenierung von Professor **Leopold Jeßner,** Intendant des Staatstheaters in Berlin, als Gast!

Personen:

Dreißiger, Barchentfabrikant	Karl Weinig
Frau Dreißiger	Edith Jamrath
Pfeifer, Expedient (bei Dreißiger)	Georg Braatz
Neumann, Kassierer (bei Dreißiger)	Fritz Göbel
Der Lehrling (bei Dreißiger)	Kurt Görs
Der Kutscher Johann (bei Dreißiger)	Hugo Speiser
Ein Mädchen (bei Dreißiger)	Hildrut Hudetz
Weinhold, Hauslehrer bei Dreißigers Söhnen	Arthur Zahn
Pastor Kittelhaus	Fritz Göbel
Frau Pastor Kittelhaus	Olga Gauby
Heide, Polizeiverwalter	Alfr. Richter-Anschütz
Kutsche, Gendarm	Rudolf Schürer
Welzel, Gastwirt	Paul Milbradt
Frau Welzel	Luise Trebe
Anna Welzel	Toblina Gondy
Wiegand, Tischler	Hugo Speiser
Ein Reisender	Heinz Pabst
Ein Bauer	Erich Moral
Ein Förster	Friedrich Ebeling
Hornig, Lumpensammler	Theo Plank
Wittig, Schmiedemeister	Ludwig Schäfer

Weber:

Bäcker	Karl Heinz Stein
Moritz Jäger	Gustav Th. Wehrle
Der alte Baumert	Ludwig Holler
Mutter Baumert	Edith Jamrath
Bertha Baumert	Hertha Wittich
Emma Baumert	Kaete Radel
Fritz, Emmas Sohn	kl. Stein
August Baumert	Erich Moral
Der alte Ansorge	Paul Förster
Der alte Hilse	Max Kühne
Frau Hilse	Julie Neuhaus
Gottlieb Hilse	Willy Eichberger
Luise, Gottliebs Frau	Elisabeth Maisch
Mielchen, seine Tochter	kl. Saroch
Heiber, Weber	Alfr. Richter-Anschütz
Reimann, Weber	Willy Eichberger
Eine Weberfrau	Aenne Markgraf
Ein Knabe	kl. Boden

Eine große Menge junger und alter Weber und Weberfrauen.

Die Vorgänge dieser Dichtung geschehen in den vierziger Jahren in Kaschbach im Eulengebirge, sowie in Peterswaldau und Langenbielau am Fuße des Eulengebirges.

Spielwart: Friedrich Ebeling. Aenderungen in der Besetzung der Rollen bleiben vorbehalten.

Bühnenbilder: Künstlerischer Beirat **Felix Loch.** Ges. techn. Einrichtung u. Leitung: Techn. Betriebsdirektor **Adalbert Freygang.**

Nach dem 3. Aufzuge eine größere Pause.

Preise der Plätze:

1. Rang Mittelbalkon 1. u. 2. Reihe	M. 9.20	Saal 1	M. 7.20	2. Rang Eckloge, hintere Plätze	M. 2.60
1. Rang Mitte 1, 2. u. 3. Reihe	„ 6.70	Saal 2	„ 5.20	2. Rang Seitenloge	„ 2.60
1. Rang Seitenbalkon 1. Reihe	„ 6.70	Saalsperrsitz	„ 4.20	3. Rang Mittelbalkon	„ 2.10
1. Rang „ 2 Reihe	„ 4.20	2. Rang Mittelbalkon	„ 3.60	3. Rang Mitte	„ 1.35
1. Rang Seite, 1. u. 2. Reihe	„ 3.70	2. Rang Mitte	„ 3.10	3. Rang Seitenbalkon	„ 1.60
1. Rang Loge rechts, vordere Plätze	„ 10.20	2. Rang Seitenbalkon	„ 3.60	3. Rang Seite 1	„ 0.95
1. Rang „ „ hintere „	„ 6.20	2. Rang Seite	„ 2.60	3. Rang Seite 2	„ 0.60
Orchesterplatz	„ 9.20	2. Rang Eckloge, vordere Plätze	„ 3.60		

Kassenöffnung 7 Uhr **Anfang 7 1/2 Uhr** **Ende gegen 10 Uhr**

Sonntag, den 30. September 1928, abends 7½ Uhr:
Die Weber
Schauspiel von Gerhart Hauptmann.

Mittwoch, den 3. Oktober 1928, abends 7½ Uhr:
9. Stammsitz-Vorstellung in Reihe **1.**
Die Weber, Schauspiel von Gerhart Hauptmann.

In Vorbereitung: **Uraufführung! „Das Weib des Jephta",** Drama von Ernst Lissauer.

Druck: Buchdruckerei Merkur Franz Zimmermann Chemnitz.

Hotel »Chemnitzer Hof«, erbaut von 1928 bis 1930 nach Plänen von Prof. Heinrich Straumer, eröffnet am 7. Oktober 1930

Hallenrestaurant des Hotels »Chemnitzer Hof«

Die Wasserspiele in den Schloßteichanlagen, angelegt aus Anlaß der Wiederaufstellung der Schillingschen Figuren

Johanniskirche mit altem Friedhof. Im Vordergrund die Grabstätte von Christian Gottfried Becker (1771–1820)

Der alte Johannisfriedhof. Nachdem der neue Städtische Friedhof an der Reichenhainer Straße am 28. April 1874 eröffnet worden war, verlor dieser als letzte Ruhestätte seine Bedeutung. Noch heute sind Grabmale von Chemnitzer Persönlichkeiten sowie von Soldaten aus dem Krieg 1870/71, die im Chemnitzer Lazarett verstarben, erhalten

Industrieschule (erbaut zwischen 1924 und 1928). Dieser prächtige Schulbau nach den Plänen von Friedrich Wagner-Poltrock entsprach seinerzeit den modernsten Gesichtspunkten. Die Schule wurde am 15. Oktober 1928 von Stadtrat Dr. Walter Böhme an dem damaligen Karl-Marx-Platz eröffnet

Die nach 1933 errichtete Autobahn von Chemnitz nach Dresden bei Chemnitz/Borna. Hier die Eisenbahnbrücke Chemnitz-Leipzig

Briefköpfe ehemaliger bekannter Chemnitzer Firmen

TRIKOTAGENFABRIK CHEMNITZ.
Reichsbank Giro-Konto.
Postscheck-Konto: Leipzig № 1041.
SCHUTZ- MARKE.
Filial-Fabrik Zschopau.
Spinnerei Wilischtal.
FELIX FRANK
TRICOTAGEN-FABRIK UND SPINNEREI.

Fernsprecher: Chemnitz Nr 32911
Strumpf- u. Handschuh-Fabriken
J. Cohn
Telegramm-Adresse: Jco Chemnitz
Chemnitz
Chemnitz
Pornitzstraße Nr. 3
Zweigfabrik: Röhrsdorf bei Chemnitz
Röhrsdorf
1881 1931
Bank-Konten:
Reichsbank-Giro-Konto / Chemnitzer Girobank K.-G.
Postscheck-Konto: Leipzig Nr. 25546
Chemnitz, den 193

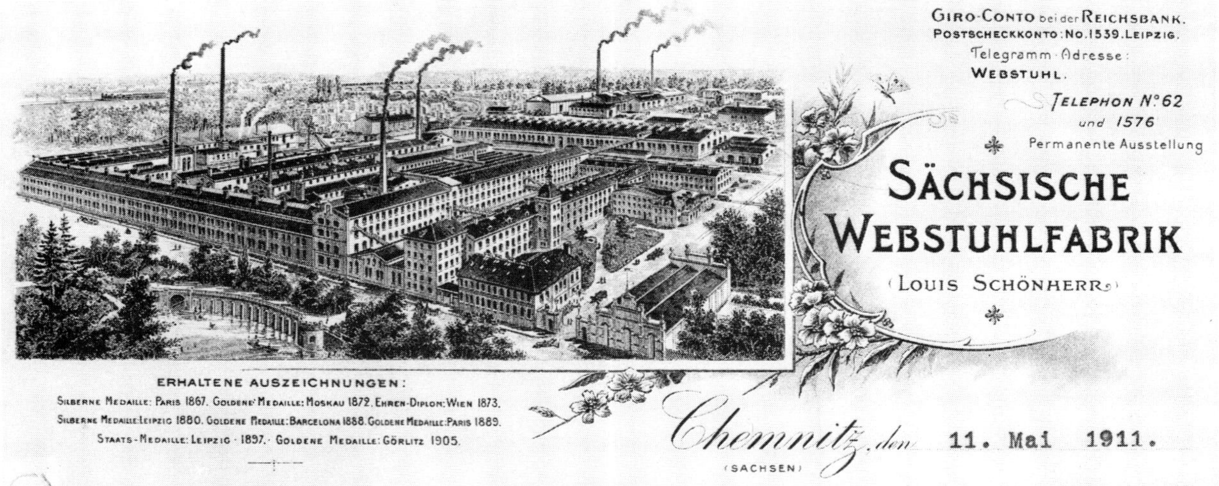
GIRO-CONTO bei der REICHSBANK.
POSTSCHECKKONTO: No. 1539. LEIPZIG.
Telegramm-Adresse: WEBSTUHL.
TELEPHON N° 62 und 1576
Permanente Ausstellung
SÄCHSISCHE WEBSTUHLFABRIK
(LOUIS SCHÖNHERR)
ERHALTENE AUSZEICHNUNGEN:
SILBERNE MEDAILLE: PARIS 1867. GOLDENE MEDAILLE: MOSKAU 1872. EHREN-DIPLOM: WIEN 1873.
SILBERNE MEDAILLE: LEIPZIG 1880. GOLDENE MEDAILLE: BARCELONA 1888. GOLDENE MEDAILLE: PARIS 1889.
STAATS-MEDAILLE: LEIPZIG 1897. GOLDENE MEDAILLE: GÖRLITZ 1905.
Chemnitz, den 11. Mai 1911.
(SACHSEN)

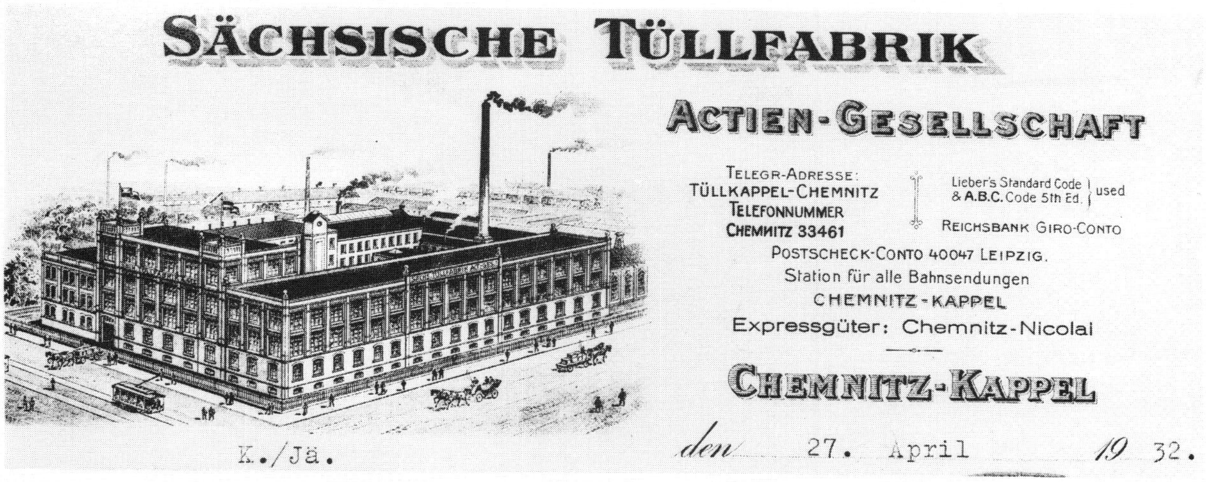

SÄCHSISCHE TÜLLFABRIK

ACTIEN-GESELLSCHAFT

TELEGR-ADRESSE:
TÜLLKAPPEL-CHEMNITZ
TELEFONNUMMER
CHEMNITZ 33461

Lieber's Standard Code
& A.B.C. Code 5th Ed. } used

REICHSBANK GIRO-CONTO

POSTSCHECK-CONTO 40047 LEIPZIG.
Station für alle Bahnsendungen
CHEMNITZ-KAPPEL
Expressgüter: Chemnitz-Nicolai

CHEMNITZ-KAPPEL

K./Jä. den 27. April 1932.

SPEZIALITÄTEN „KAPPLER EXTRA"
„EISENBIER FERRMALTAN" D. R. P.

Schutz-Marke

Feldschlösschen-Brauerei-Aktiengesellschaft
ZU CHEMNITZ-KAPPEL.

Telegr.-Adresse: Feldschlösschen Kappel
Fernruf 33551 u. 33552
Bahnstation: Chemnitz-Kappel
Bank-Konto:
Darmstädter u. Nationalbank
Filiale Chemnitz
Dresdner Bank, Filiale Chemnitz
Postscheck-Konto: Leipzig No. 1748

Chemnitz-Kappel, den 18. Juli 1931.

Ka-Ha-Vau

Kolonialwaren-Handels-Verein für Kaufleute

Eingetragene Genossenschaft mit beschränkter Haftpflicht
GROSS-EINKAUF FÜR ÜBER 350 KA-HA-VAU-GESCHÄFTE
Mitglied des Edeka-Verbandes deutscher kaufmänn. Genossenschaften e. V. und der Edeka-Zentrale, e. G. m. b. H., Berlin

Telefon Nr. 51151—54
Bank-Konten:
Gewerbebank, e. G. m. b. H., Chemnitz
Edeka-Bank, e. G. m. b. H., Chemnitz
Postscheck-Konto: Leipzig Nr. 8073

CHEMNITZ, den 29. September 1934.
Ebertstraße 10

Rat der Stadt
30. SEP. 1934

An den

Blick auf die zerstörte Innenstadt nach der Beseitigung der Trümmer, aber der noch vorhandenen Ruinen. Im Vordergrund der ehemalige Johannisplatz

Chemnitz 1945

Zerstörte Innenstadt zwischen Theaterstraße (links) und innerer Klosterstraße. Im Vordergrund links der Turm der Paulikirche

Das Marktgäßchen nach der Zerstörung

Im März 1945 glich Chemnitz einer toten Stadt. Nach sechs größeren Luftangriffen, besonders aber nach dem Bombenhagel in den Abendstunden des 5. März 1945 war das sächsische Manchester in Trümmern versunken. Etwa eine Stunde dauerte das Inferno. 700 schwere Bomber flogen Welle auf Welle und entluden die todbringenden und zerstörenden Spreng- und Brandbomben. Allein an diesem Tag starben 2105 Menschen im Bombenhagel. Die Stadt war nach dem Angriff zu zwei Drittel zerstört. Am stärksten war das Zentrum betroffen. Von der Innenstadt, vom Falkenplatz bis zum Theaterplatz, blieben fast nur noch Ruinen übrig. Im neuen Rathaus, das aus einer Stahl- und Betonkonstruktion entstand, verrichteten Feuerwehrmänner und Wehrmachtsangehörige einen unermüdlichen Dienst. Dadurch konnte dieser repräsentative Monumentalbau gerettet werden. 3326 Gebäude waren total zerstört bzw. so schwer beschädigt, daß ein Wiederaufbau nicht möglich war. Die Bausubstanz von 40 bis 50 Jahren Vorkriegsentwicklung war in Schutt und Asche zerfallen. Von 110 000 Wohnungen blieben nur 38 000 unbeschädigt. Über 100 000 Obdachlose zählte Chemnitz im Jahre 1945. Ein großer Teil von ihnen fand Notunterkünfte in den naheliegenden Gemeinden.

Nach den Luftangriffen mußte der Straßenbahnverkehr infolge der umfangreichen Zerstörungen und der nicht vorhandenen Stromzuführung eingestellt werden. Von den 168 Triebwagen der Straßenbahn standen nur noch 30 einsatzbereit zur Verfügung. Die Gesamtlänge der Gleisanlagen, die vor der Zerstörung über 43 km betrug, wurde erst Ende des Jahres 1945 wieder auf 8,24 km befahren.

Das 420 km lange Rohrnetz der städtischen Wasserversorgung war an 600 Stellen beschädigt. Dadurch gab es in einigen Stadtteilen kein Trinkwasser. Lebenswichtige Betriebe, Krankenhäuser und das Nahrungsmittelgewerbe konnten nur notdürftig mit Wasser versorgt werden. Viele Chemnitzer Betriebe, die über einen Tiefbrunnen verfügten (Brauereien, Färbereien, Genossenschaftsmolkerei u. a.), beteiligten sich an der Nottrinkwasserversorgung. Der für den städtischen Schlacht- und Viehhof zuständige Stadtrat schilderte die Wasserversorgung für seinen Betrieb auf folgende Weise: »Ich habe mir geholfen, daß ich das Wasser des durch den Betrieb führenden, aus dem Zeisigwald kommenden Holzbaches in die Dampfkessel und Schlachthallen pumpen ließ. Diese in Friedenszeiten undenkbare Art in einem hygienischen Betrieb mußte als vorübergehende Kriegsnotstandsmaßnahme als zulässig bezeichnet werden, wenn nicht der Betrieb hätte ganz zum Erliegen kommen sollen.«

Die Elektrizitäts- und Gasversorgung waren ebenfalls stark in Mitleidenschaft gezogen. Unwiederbringliche materielle und kulturelle Werte gingen verloren. Die Stadtbibliothek mit ihren 60 000 Bänden wurde ein Opfer der Flammen. Das Opernhaus brannte total aus. Im Städtischen Museum waren das Dachgeschoß und die beiden oberen Stockwerke zerstört. In seiner Chronik berichtete Friedrich Schreiber-Weigand, Direktor des Museums, daß »viel Inventar und Sammlungsgut vernichtet« worden war. Die Jakobikirche, das Alte Rathaus, das Siegertsche Haus – die gesamte Marktbebauung – waren Opfer der Flammen geworden. Nachdem die amerikanischen Truppen seit Mitte April 1945 an der Autobahnlinie Plauen–Chemnitz/Nord Stellung bezogen hatten, litt Chemnitz noch in den letzen Kriegstagen unter starkem Artilleriebeschuß. Die Bürger von Chemnitz, die fast alle in irgendeiner Weise von den schlimmen Folgen des Krieges betroffen waren, sehnten den Kriegsschluß, den Frieden, herbei.

Durch den selbstlosen und freiwilligen Arbeitseinsatz unzähliger Chemnitzer Bürger konnte die Stadt in einem Zeitraum von nahezu vier Jahren von den Trümmern geräumt werden. Legendären Ruf bekam die Trümmerbahn, die vom Zentrum über den Bernsbachplatz und die Reichenhainer Straße zur damaligen Südkampfbahn führte. Mit und auf den Trümmern der Stadt wurde die Radrennbahn in diesem Sportkomplex erbaut und 1950 eingeweiht. Über das künftige Stadtbild schrieb man 1946: »Das Stadtinnere soll aufgelockert werden mit möglichst viel Grünflächen. Die alten verbauten Gäßchen und Winkel müssen verschwinden. Wir hoffen aber, daß uns die alten wertvollen historischen Bauten erhalten bleiben.«

Literaturverzeichnis

Adressbuch der Fabrik- und Handelsstadt Chemnitz, Chemnitz 1838 ff.

Beiträge zur Heimatgeschichte von Chemnitz (1953–1990 Karl-Marx-Stadt). Hrgs. vom Stadtarchiv Chemnitz/Karl-Marx-Stadt. 1952 ff.

Das Buch der Stadt Chemnitz. Dresden 1926

Chemnitz am Ende des XIX. Jahrhunderts. In Wort und Bild. Ansichten in Autotypie hergestellt und der Stadt Chemnitz gewidmet von der Firma Körner & Lauterbach. Chemnitz um 1900

Chemnitz in Wort und Bild. Festschrift zur Einweihung des Neuen Rathauses. Chemnitz 1911

Festschrift zum 750jährigen Jubiläum der Stadt Chemnitz. Im Auftrage des Vereins für Chemnitzer Geschichte. Hrsg. von P. Uhle. Chemnitz 1893

Karl-Marx-Stadt. Ergebnisse der heimatkundlichen Bestandsaufnahme im Gebiet von Karl-Marx-Stadt. Von einem Autorenkollektiv. Bearbeitet von Ernst Barth. Berlin 1979 (= Werte unserer Heimat, Band 33)

Karl-Marx-Stadt. Geschichte der Stadt in Wort und Bild. Von einem Autorenkollektiv unter Leitung von Helmut Bräuer und Gert Richter. Berlin 1988

Kobuch, Manfred: Die Anfänge der Stadt Chemnitz. In: Arbeits- und Forschungsberichte zur sächsischen Bodendenkmalpflege. 26. Jg., 1983 S. 139–162

Kretschmar, Christian Gottfried: Chemnitz, wie es war und wie es ist. Ortsbeschreibung u. geschichtlicher Abriß der Stadt. Chemnitz, bei dem Verfasser, 1822

Mitteilungen des Vereins für Chemnitzer Geschichte. Chemnitz 1876 ff.

Schlesinger, Walter: Die Anfänge der Stadt Chemnitz und anderer mitteldeutscher Städte. Untersuchungen über Königtum und Städte während des 12. Jahrhunderts. Weimar 1952

Urkundenbuch der Stadt Chemnitz und ihrer Klöster. Im Auftrage der Königlichen Sächsischen Staatsregierung herausgegeben von Hubert Ermisch. Leipzig 1879 (= Codex Diplomaticus Saxoniae Regiae, Zweiter Haupttheil. VI. Band)

Wieck, Friedrich Georg: Sachsen in Bildern. Lithographirte Abbildungen der Staedte Sachsens, bedeutender, uns wichtiger Doerfer, merkwuerdiger und interessanter Straßen, Plaetze, Kirchen, Schloesser, Gebaeude, Monumente, Fernsichten, Fabriken, Muehlen, Berg-, Eisen- und andere Werke mit geschichtlich und statistisch erlaeuterndem Text. 1. Band. Verlag von J. G. Haecker, Chemnitz 1841

Zöllner, Curt Wilhelm: Geschichte der Fabrik- und Handelsstadt Chemnitz von den ältesten Zeiten bis zur Gegenwart. Verlag von Bruno Troitzsch. Chemnitz 1888

Barth, Ernst: Entwicklungslinien der deutschen Maschinenbauindustrie von 1870 bis 1914. (Forschungen zur Wirtschaftsgeschichte; 3) Akademie-Verlag, Berlin 1973

Blaschke, Karlheinz: Historisches Ortsverzeichnis von Sachsen. Aus den Schriften der Sächsischen Kommission für Geschichte. VEB Bibliographisches Institut. Leipzig 1957

Bräuer, Helmut: Die Stadtbevölkerung von Chemnitz zwischen 1450 und 1600. Untersuchungen zu ihrer Struktur. Stadtarchiv Karl-Marx-Stadt. Karl-Marx-Stadt 1978

Heilmann, Ernst: Geschichte der Arbeiterbewegung in Chemnitz und dem Erzgebirge. Verleger: Sozialdemokratischer Verein für den 16. Sächsischen Reichstagswahlkreis: Max Müller. Druckerei: Landgraf & Co., Chemnitz 1912

Prescher, Hans: Georgius Agricola – Persönlichkeit und Wirken für den Bergbau und das Hüttenwesen des 16. Jahrhunderts. Kommentarband zum Faksimiledruck »Vom Bergkwerck XII Bücher«, Basel 1557. VEB Deutscher Verlag für Grundstoffindustrie, Leipzig 1985

Neue Sächsische Kirchengalerie. Die Ephorien Chemnitz I u. II. Verlag von Arwed Strauch. Leipzig o. J.

Richter, Adam Daniel: Umstaendliche aus zuverlaeßigen Nachrichten zusammengetragene Chronika, der an dem Fuße des Meißnichen Erzgebuerges gelegenen Koenigl. Pohln. und Churfuerst. Saechs. Stadt Chemnitz, nebst beygefuegten Urkunden durch. Gedruckt bey August Valentin Friesen. St. Annaberg 1754.

Richter, Johann Gottlob: Historische Nachricht von denen vornehmsten Denckwuerdigkeiten der Stadt Chemnitz, besonders Ihren vor nunmehro hundert Jahren erlittenen Drangsalen. Joh. Christoph und Joh. David Stoeßeln. Chemnitz 1734

Schumann, August: Vollstaendiges Staats-, Post- und Zeitungslexikon von Sachsen. Vierter Band. Verlag der Gebrueder Schumann. Zwickau 1817

Strauß, Rudolph: Die Lage und die Bewegung der Chemnitzer Arbeiter in der ersten Hälfte des 19. Jahrhunderts. Hrsg.: Deutsche Akademie der Wissenschaften zu Berlin. Schriften des Instituts für Geschichte. Reihe II: Landesgeschichte, Bd. 3, Akademie-Verlag, Berlin 1960

Bildnachweis

Der Verlag und der Verfasser danken der Stadtverwaltung Chemnitz für die freundliche Überlassung der Bildvorlagen, die vorwiegend aus dem Bestand des Stadtarchivs stammen. Dank gebührt weiterhin Frau May Voigt sowie der Städtischen Kunstsammlung.

Herrn Lingscheidt, Frau Lore Rechenberger und Herrn Frank Reuter, die aus ihrem Privatbesitz Bilder beisteuerten, gebührt ebenfalls Dank.